赤ちゃんを
ゴキゲンにする
魔法の
抱っこひも

スリング
はじめて
BOOK

監修
藤原真希枝

ブックマン社

はじめに

赤ちゃんとの暮らしを
スリングでもっとHAPPYに！

かわいい赤ちゃんのお世話、楽しいこともたくさんあるけれど、やっぱり毎日たいへんですよね。お出かけのとき、おっぱいをあげるとき、寝かし付けるとき、もうちょっとラクにできたら…！ そう願っているママやパパに、是非おすすめのアイテムがあります。それが「スリング」です。

スリング、って聞いたことありますか？

簡単に説明すると、スリングは、赤ちゃんの抱っこひもの一種です。とってもシンプルなつくりで、一枚の布をぐるりと輪っかにして使います。赤ちゃんはスリングに入ると落ち着くし、お出かけや授乳もしやすく、寝かし付けも楽なので、子育て中のママやパパの強い味方になってくれます。

使い方は、コツさえつかんでしまえばカンタンです。この本では、そのスリングの使い方のコツをお教えします。はじめはうまくいかなくて、赤ちゃんが泣いてしまうかもしれませんが、慣れてしまえば大丈夫。きっと手ばなせなくなりますよ。

赤ちゃんと過ごす幸せな時間を、スリングでさらに楽しんでくださいね。

Hug your baby,
be happy!

もくじ

スリングを使ってみよう!

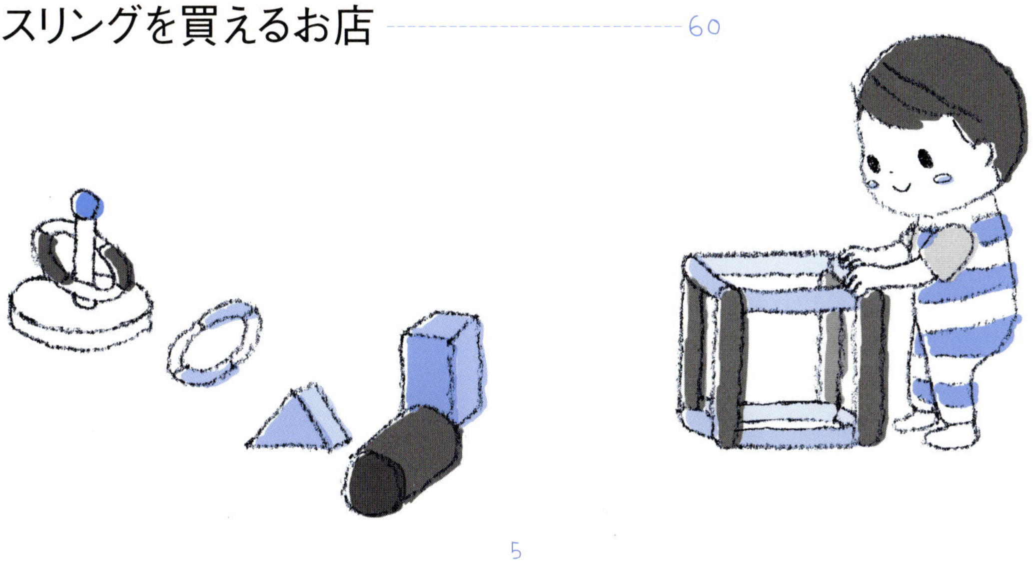

スリングってどんなもの？

スリングは、一枚のシンプルな布をママやパパの身体にぐるっと巻いて使う、赤ちゃん用の抱っこひもの一種です。

布を使って赤ちゃんを抱っこするやり方は、もともとアジアやアフリカ、アメリカ大陸など世界のさまざまな地域において、古くから行われてきました。この抱っこスタイルを欧米人がアレンジして取り入れるようになり、これがさらに日本に伝わってきたのが、今のスリング・スタイルです。

現在日本では、スリングは主にインターネット上のショップで販売されています。赤ちゃん用品の専門店などでも、外国メーカーのスリングを一部扱っていますが、あまり種類は多くないのが現状です。また一方で、ミシンを使いスリングを手作りする人も増えています。

スリングには、いくつかの種類があります（詳しくはp13・14参照）。この本では、巻末で作り方を紹介している、リングがついたタイプのスリングを基本として、使い方を説明します。ただし、メーカーによって使い方に多少違いがあるので、スリングを購入した場合は、必ず添付の説明書にも目を通してください。

スリングを使うときには、くれぐれも赤ちゃんの安全に注意しましょう。赤ちゃんは大人が予測しない動きをすることがあるので、事故などがないように、赤ちゃんの様子をよく確認しながら使用することを心がけましょう。

スリングはここがスゴイ！

赤ちゃんを笑顔にしてくれる「魔法の抱っこひも」のスリング。
スリングにはいったい、どんな長所があるのでしょう？
これを読んだら、さっそくスリングを使ってみたくなりますよ！

1 赤ちゃんが快適で落ち着ける

「なかなか泣きやまない赤ちゃんをスリングに入れたら、たちまち眠ってしまいビックリした！」といった体験談がよく聞かれるように、スリングに入ると赤ちゃんは落ち着きます。ママやパパとぴったり身体を密着できて安心するし、子宮の中にいたときと同じように身体を丸く包まれた状態になるので、赤ちゃんは快適に感じるのでしょう。

最近の育児法では、抱き癖がつくのを恐れずに抱っこするほうが、赤ちゃんの情緒が安定してよい、という意見が大勢を占めます。スリングを使えば、赤ちゃんをいつでもたくさん抱っこできるので、赤ちゃんの情緒にもいい影響を及ぼすのですね。

2 外出先でもおっぱいをあげられる

どこででも授乳をしやすいことも、スリングのいいところです。赤ちゃんをスリングに寝かせて抱っこをすると、ちょうどママの胸元に赤ちゃんの顔がくるので、授乳がカンタン。しかもおっぱいが布で隠れるので、外出先でも人目につかずに授乳ができます。テールをまとめていないタイプのスリングなら、テール部分の布を広げて、胸元を完全に覆い隠すことも可能です。

スリングがあれば、お出かけのときだけミルクを用意したり、母乳を絞って持ち歩いたりしなくても大丈夫。授乳中、ママはどうしても家の中に閉じこもりがちになりますが、スリングを利用して、赤ちゃんとお出かけする機会がどんどん増えるといいですね。

3 手が使えるので気軽に出かけられる

赤ちゃんを抱っこしているとき、「手がもう一本欲しい！」と思ったことはありませんか？　急に顔がかゆくなったりして、手を使いたいけれど赤ちゃんは眠りそう…。そんなときもスリングならば、赤ちゃんの目を覚まさずに手を動かせるので、ママやパパも快適です。

お出かけのときも、レジでの支払いや、バスの清算時などにスムーズです。お医者さんの受付で、診察券を出したり問診票を書いたりするとき、スリングでよかった！という体験談もよく聞かれます。外出先で哺乳びんからミルクをあげるときも、スリングなら立ったままでOKなので（お行儀はよくないですが）、急いでいるときや座るところがないときにも便利です。

4 上の子も愛情を感じてハッピーになる

二人目以降の赤ちゃんを育てるときは、一人目のときよりラクになるので、スリングは必要ないわ…、と思う人もいるかもしれませんが、二人目以降の赤ちゃんにこそ、スリングを使うことがオススメです。それは赤ちゃんやママ、パパのためだけでなく、むしろ上のお兄ちゃんやお姉ちゃんのためでもあります。

普段ママやパパの目は、どうしても下の子どもにばかり向かいがちですが、赤ちゃんがスリングに入っていれば、身体的にも精神的にもママやパパに余裕ができます。その分の余力を上の子に注いであげましょう。ママやパパの愛情をたっぷり感じると、お兄ちゃんやお姉ちゃんは満足して、下の赤ちゃんをより可愛がるようになりますよ。

5 着脱しやすいので寝かしつけもOK

いろんな抱っこひもを試した末、スリングに落ち着く人が多いのは、とにかく使いやすい、という理由が大きいでしょう。コツをつかむのに多少時間がかかるかもしれませんが、スリングはつくりが単純なので、使うたびに説明書をひっぱり出さなくても大丈夫。あちこちの留め具を付け外ししたり、誰かに手伝ってもらったりしなくても、ひとりで楽に使いこなせます。

スリングの中で赤ちゃんが眠ったら、そのまま寝かし付けができます。スリングごとそっとベッドにおろしてあげれば、赤ちゃんは目を覚ましません。寝付きの悪い赤ちゃんには、スリングを試してみる価値アリですよ。

6 ママ友づくりのきっかけになる

布の選び方によって、スリングでおしゃれを楽しむこともできます。色を選んだりプリント柄を使ったり、サッカー地やオーガニックコットンなど素材を工夫したり、選択肢はいろいろです。数種類揃えておき、ママやパパ、赤ちゃんの洋服に合わせてスリングを使い分けても楽しいですね。何本かあると洗濯もしやすく、いつも清潔にしておけます。

スリングは目をひきやすいので、ほかのママから「それ何ですか？」と話しかけられたり、作り方や使い方を聞かれたりする人も多いようです。ママ友が欲しいけれど話しかけられなくて…、というママたちが、スリングを共通の話題にして仲良くなれたらいいですね。

スリングが優れている理由

長所がいっぱいのスリングですが、どうしてそんなに
優れているのでしょうか？　前・松戸市立病院新生児科部長の竹内豊先生に、
スリングがなぜいいのか、その秘密を教えてもらいましょう。

「抱き癖」は困ったことではありません

わたしが子育て中のお母さんたちにスリングをすすめるのには、主に二つの理由があります。

まずひとつの理由は、スリングはお母さんと赤ちゃんの肌を触れ合わせるのに優れたキャリアだからです。

乳幼児期における皮膚の接触によって生じる効果については、さまざまな研究がされており、「成長ホルモンの分泌がよくなる」「消化吸収機能が高まる」「脳神経の髄鞘化（ずいしょうか）が促進される（※）」などといった報告があります。（※簡単にいうと、情報の伝達速度がアップする、ということです。）

赤ちゃんが抱っこされて、大人の肌のぬくもりを感じる機会が多ければ多いほど発育がよくなり、情緒面でも安定した発達につながります。「抱き癖」という言葉は、困ったニュアンスで使われることが多いですが、実際はちっとも困ったことではありません。赤ちゃんは抱っこされることを要求するのが当たり前なのですから、健全な発達を促すために「抱き癖」は喜ばしいことといえるのです。

赤ちゃんが快適さを感じられるキャリア

日本には昔から、おんぶというキャリーの習慣がありますが、これは母親が常に赤ちゃんと一体となり、肌を触れ合わせながら生活できるので、赤ちゃんにとって大変好ましい環境です。スリングもおんぶと同様に、赤ちゃんはいつも母親の肌の温度を感じつつ、母親は家事や外出ができるのでおすすめです。

最近では、持ち手のついた大きなカゴ（クーファン）に赤ちゃんを入れて外出す

小児科医
竹内 豊先生
松戸市立病院新生児科部長、松戸市こども発達センター長などを経て、現在は窪谷産婦人科顧問。

る人がいますが、これはすすめられません。カゴごと落下したり、中の赤ちゃんが転落したりといった事故が、これまでに多く起きています。揺れも大きいですし、しかもお母さんと身体の接触がないのですから、赤ちゃん自身がとても不安に感じるでしょう。

ベビーカーも便利なキャリアですが、日本の道路や駅はまだまだバリアフリーにほど遠く、階段や段差が多いところでは不便です。赤ちゃんにとっても、震動はありますし、座面が地面から近いために暑さや寒さを大人より強く感じるので、あまり快適な環境とはいえないでしょう。

子宮の中と同じ、身体を丸めた姿勢

スリングをおすすめするもうひとつの理由は、赤ちゃんの姿勢です。お母さんのお腹の中で、赤ちゃんはずっと身体を小さく丸めて過ごしてきました。スリングに入ると、赤ちゃんはちょうど生まれる前と同じような姿勢になるので（横抱きやゆりかご抱きの場合）、安心するのでしょう。抱っこされる位置も、お母さんの胸からお腹の辺りなので、歩いたりしたときの揺れ具合も、ちょうど子宮の中にいたときと同じように感じられるわけです。

お母さんやお父さんは、是非スリングなどを利用して、赤ちゃんの身体をやさしく包み込み、たくさん抱っこしてあげてください。

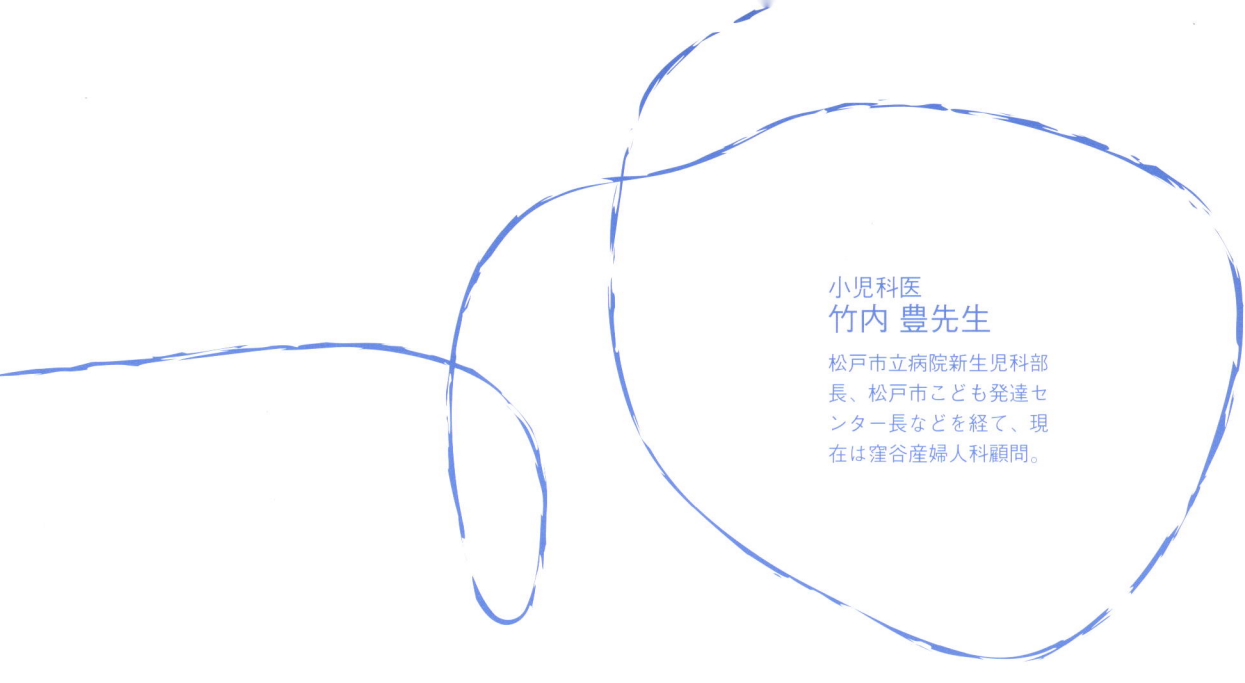

Let's start now!

スリングを使ってみよう!

初めて使うときは緊張するかもしれませんが、
ポイントをつかんでおけば大丈夫。
赤ちゃんが嫌がっているときは無理をしないで、
落ち着いているときに、もう一度試してみてください。
まずは使い方に目を通してから、
スリングに赤ちゃんを入れてみましょう。

スリングの種類

もとはシンプルな一枚の布をアレンジしたものですが、
形にいくつかのバリエーションがあります。
それぞれ特徴があるので、生活スタイルに合わせて
好みのものを選んでください。

[リングあり／リングなし／バックル式]

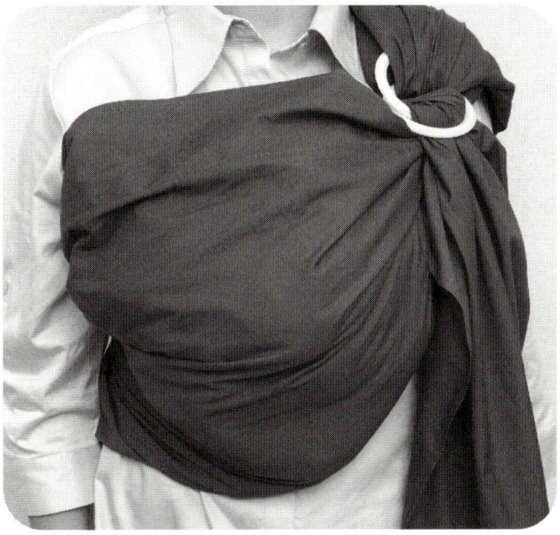

A リングあり

最も一般的なのが、リングを使ったタイプのスリングです。二本のリングに布を通して、サイズや袋の形を調節できます。ママとパパが共有する場合は、このリング式のものを選ぶとよいでしょう。

持ち歩きに便利なのが、リングなしのタイプ。調節はできませんが、さっと使える手軽さが魅力です。バックル式も袋の形は調節できませんが、着脱のしやすさで人気アリ。サイズは調節できる商品が主流です。

この本では、リングありのタイプで使い方を説明していきます。

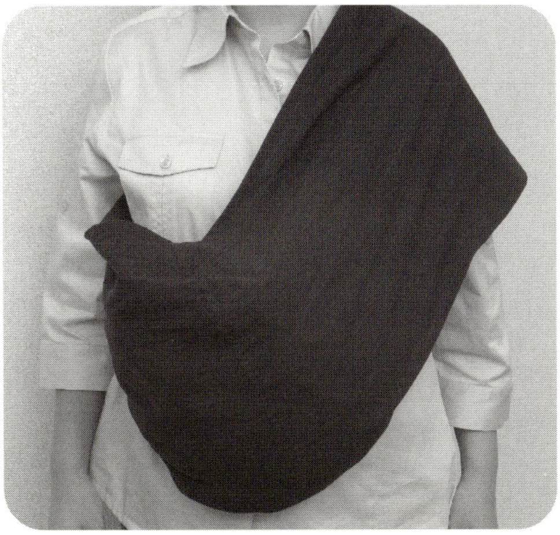

B リングなし

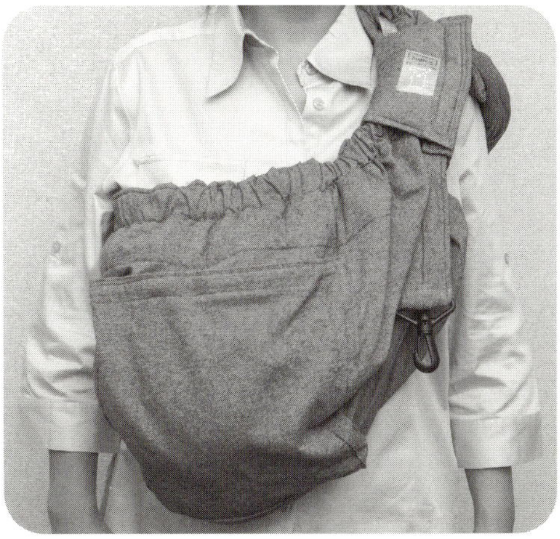

C バックル式

リングあり／テール

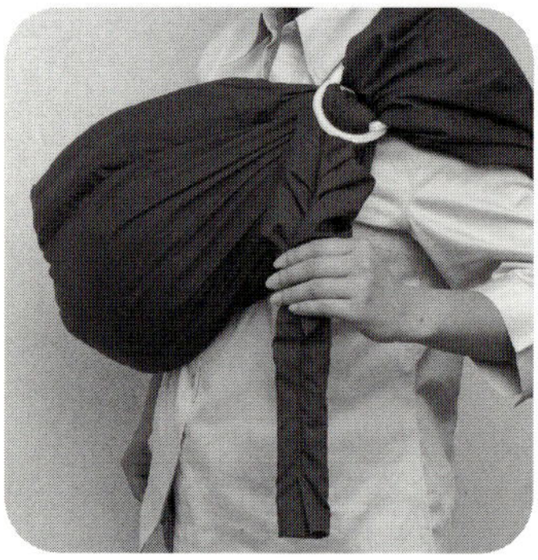

［テールまとめ］

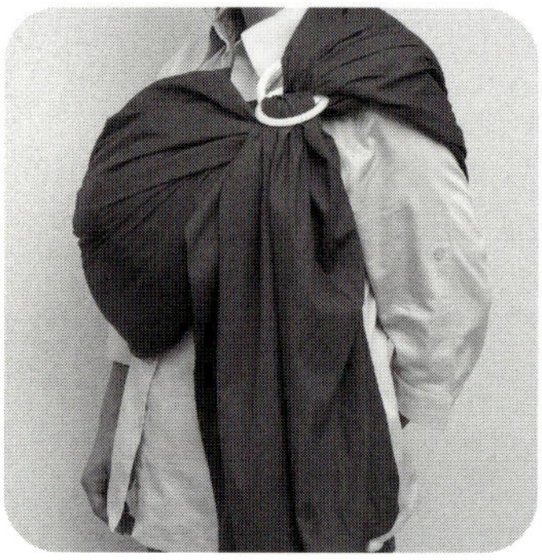

［ひらひらタイプ］

リングありのスリングには、テール（リングから垂れた布）をまとめたタイプと、ひらひらのままにしたタイプがあります。テールがまとめてあると邪魔になりませんが、テールのどの部分をひくと、袋（赤ちゃんが入るところ）のどの部分が締まるか、慣れるまで分かりづらいかもしれません。赤ちゃんを入れる前に、よく確認しておきましょう（p18・19も参考にしてください）。

この本では、テールがひらひらのタイプで使い方を説明します。

リングあり／ふちの綿

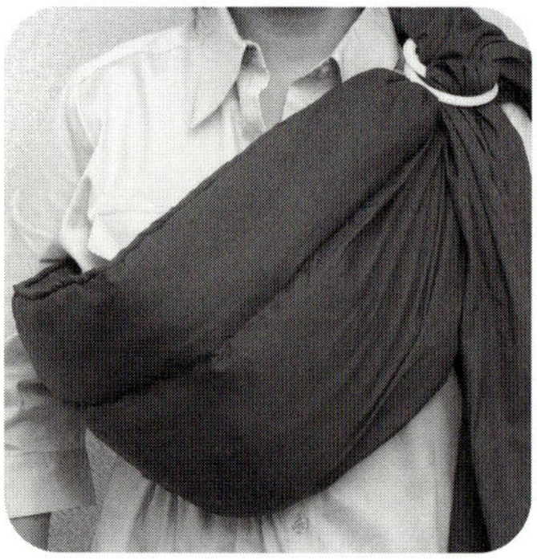

［ふちに綿あり］

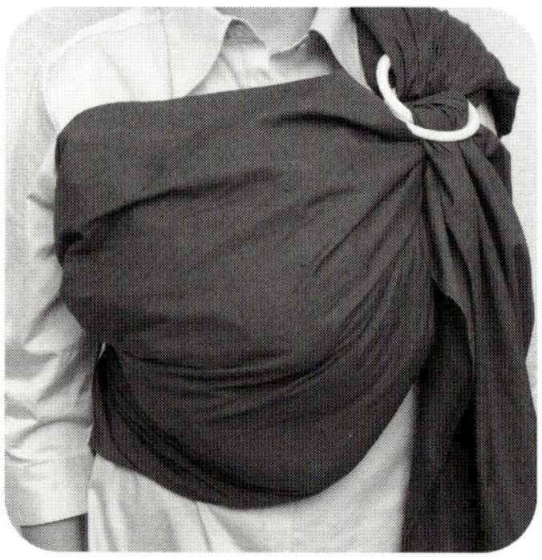

［ふちに綿なし］

リングありのタイプには、赤ちゃんが入る袋のふちの部分に、綿が入っているものと入っていないものがあります。

綿ありタイプは、赤ちゃんの身体をソフトに包みます。ただし、テールをひくとき、綿が入った部分をリングのところまでしかひけないので、サイズ選びに注意しましょう。サイズが大きいと、赤ちゃんの身体を密着できません。綿なしタイプは、持ち歩くときにかさばらないのが特徴です。

リングなし／チューブとたすき

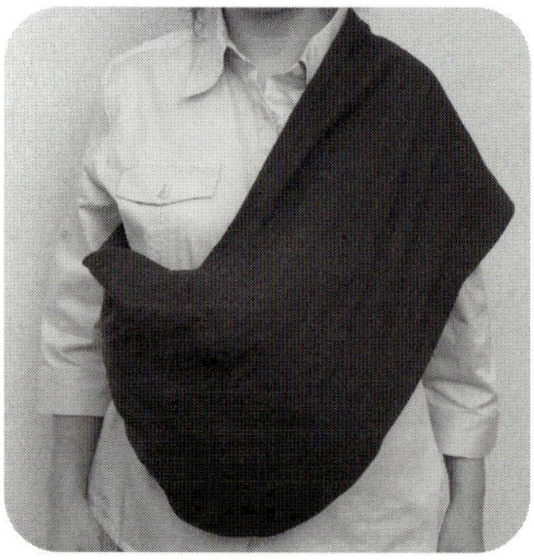

［チューブタイプ］

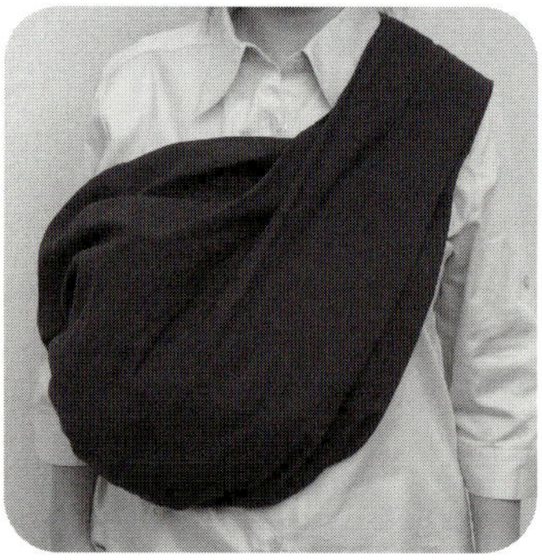

［たすきタイプ］

リングなしのスリングには、二つのタイプがあります。

ひとつは、布を二つに折ってぐるりと輪にした形のチューブタイプ。継ぎ目の部分を下にセットし、そこに赤ちゃんが入ります。

もうひとつは、布の一部分を屏風状に折りたたんで縫ってある、たすきタイプです。リングありのタイプと同様に、布を折りたたんだ部分を肩にかけて使います。ふちの部分がややゆるいものもあるので、その場合は必ず手を添えて使いましょう。

輸入品について

日本で売られているスリングは、もともとは輸入品が多くを占めていましたが、最近は国内メーカーによるオリジナルの製品が増えています。輸入品の場合、サイズが欧米人に合わせて作られているため、小柄な日本人には使いづらいという声も以前はしばしば聞かれましたが、輸入品でも小さいサイズを扱うメーカーも出てきました。輸入品は、リング式でテールをまとめた、ふちに綿が入っているタイプが主流です。

スリングの選び方

これまで紹介したように、スリングにはいくつかの種類があります。
それぞれの特徴を表にまとめたので、選ぶときの参考にしてください。
使用する状況や、家族と共用するかどうかなど、
使う人のライフスタイルに合わせて選ぶとよいでしょう。
ただし、実際に使ってみないと分からないこともあるので、
まずは一本試してみて、それから種類を揃えるのもよいですね。

スリングの種類			特徴	注意点
リングあり	テール	まとめ	◎見た目がすっきりとしている ◎しまう時に、たたみやすい	◎使う人と赤ちゃんにとって、バランスのいい抱っこのポジションを見つけるのがコツ
		ひらひら	◎授乳時、テールが目隠しになる ◎布の色や柄が目立つ	◎使う人と赤ちゃんにとって、バランスのいい抱っこのポジションを見つけるのがコツ
	ふちの綿	綿あり	◎赤ちゃんの身体に、あたりがやわらかい ◎綿が入った部分まで、テールをひける（サイズ調節できる範囲が限られる）	◎使う人の身体に合ったサイズを選ぶように気を付けること（商品によっては、フリーサイズのものもあります）
		綿なし	◎サイズが自由に調節できるので、体格差のあるパパとママでも共用可	◎使う人と赤ちゃんにとって、バランスのいい抱っこのポジションを見つけるのがコツ
リングなし	チューブタイプ		◎コンパクトに折りたためるので、携帯にも便利	◎使う人の身体に合ったサイズを選ぶように気を付けること ◎袋の部分の微調節は不可
	たすきタイプ			
バックル式			◎着脱がバックルで簡単 ◎サイズは調節可のものが主流	◎袋の部分の微調節は不可

たとえばこんな選び方も…

●赤ちゃんの月齢が低く、家でいつも抱っこしている→リングあり（綿あり）
☆携帯性はあまり必要なく、クッション性があるので

●主に母乳で育てている→リングあり、バックル式
☆授乳時に目隠しになり、場所を選ばずに授乳できるので

●車で移動することが多い→バックル式
☆着脱がスムーズで、ベビーシートに乗降させやすいので

●ベビーカーをよく使う・あんよができる→リングなし、リングあり（綿なし）
☆コンパクトで携帯性がよいので

きほん｜

スリングのかけ方

まずはスリングを身体にまとってみましょう。
スリングは左右どちらの肩にかけても構いません。
右手をよく動かすときは左の肩にかけるなど、好みに合わせてください。
最初は鏡の前などでやってみると、分かりやすいですよ。

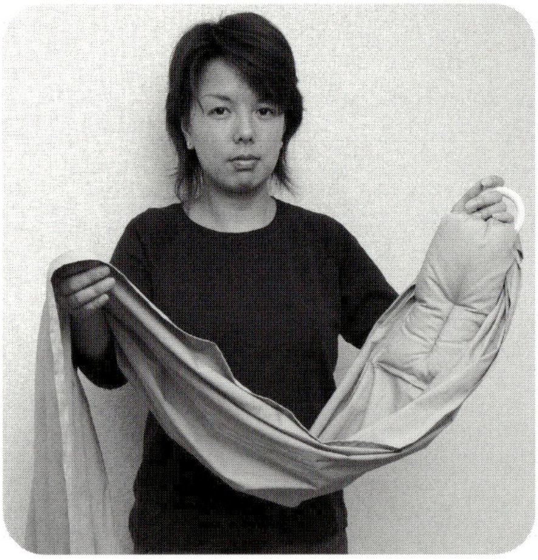

1 まずは、スリングを広げて用意します。スリング（布）の表と裏を確認しておきましょう。

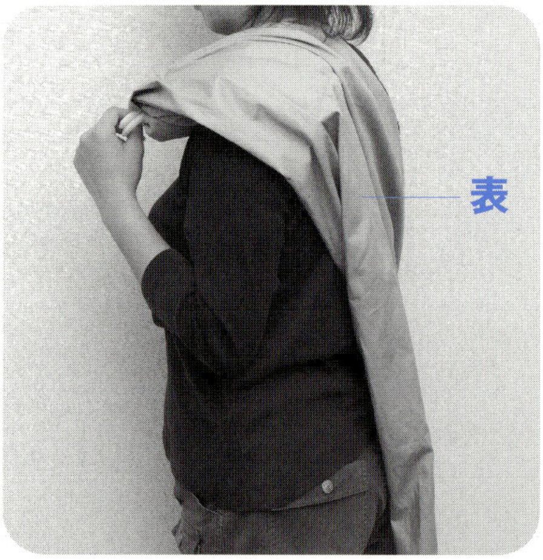

2 リングを持ち、スリングを肩にかけます。左右どちらの肩にかけても構いません。

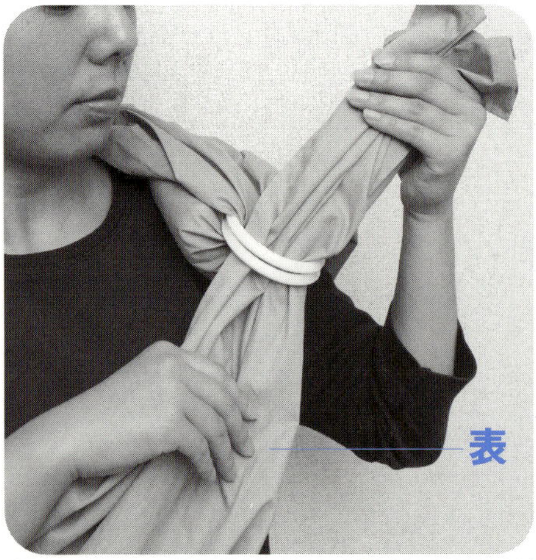

5 細くまとめた布を、2本のリングに通します。

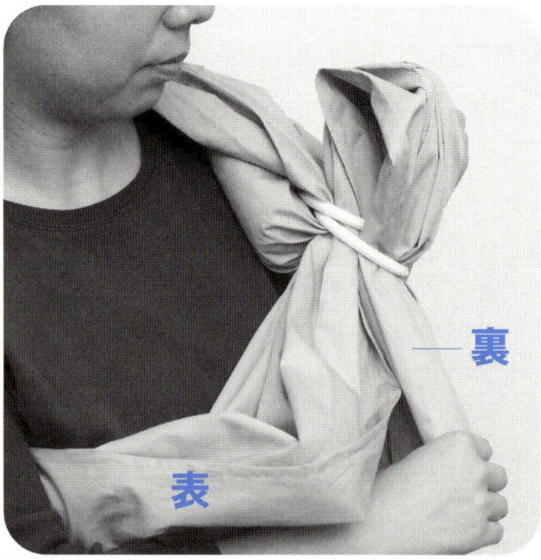

6 リングの上で布を折り返して、下のリングにもう一度布を通します。

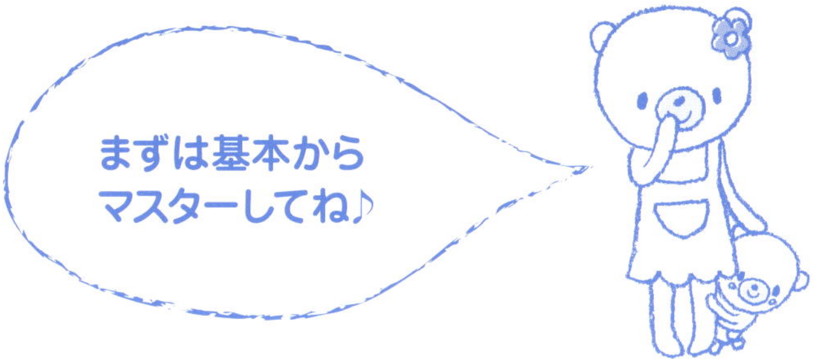

3 布を身体に巻くように、後ろからまわします。裏表がひっくり返らないように注意しましょう。

4 リングに通すため、布を細くまとめます。布がねじれないよう、端からしわを寄せていきます。

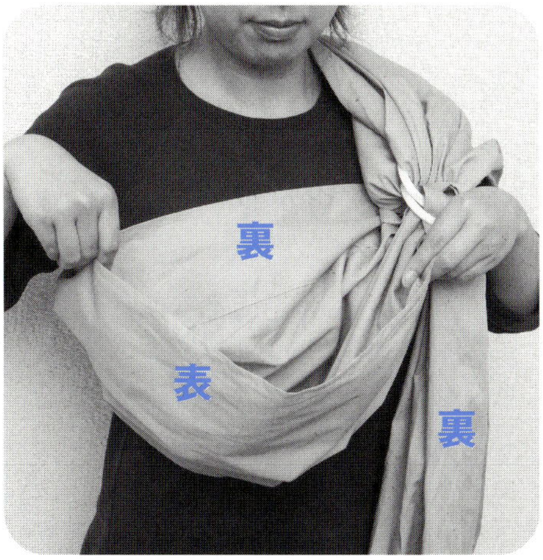

7 赤ちゃんが入る部分が袋の形になるように整えておきます（p18・19参照）。高さは胸の辺りです。

準備OK!

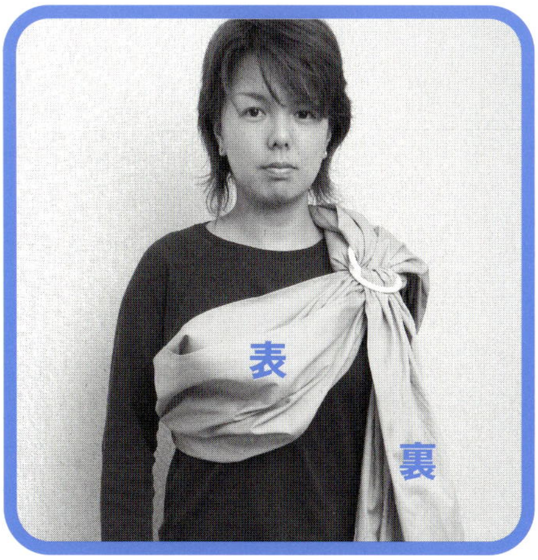

※テールの部分は、スリング（布）の裏側が前面に出ます。

きほん2

テールの調節

安全にスリングを使うために、最も大切なポイントです。
テール（リングから垂れた布）をひいて、袋（赤ちゃんが入る部分）の大きさや形を調節します。赤ちゃんが落下したりしないよう、テールを調節して、必ず赤ちゃんの身体を胸元に密着させてください。

ここがポイント!

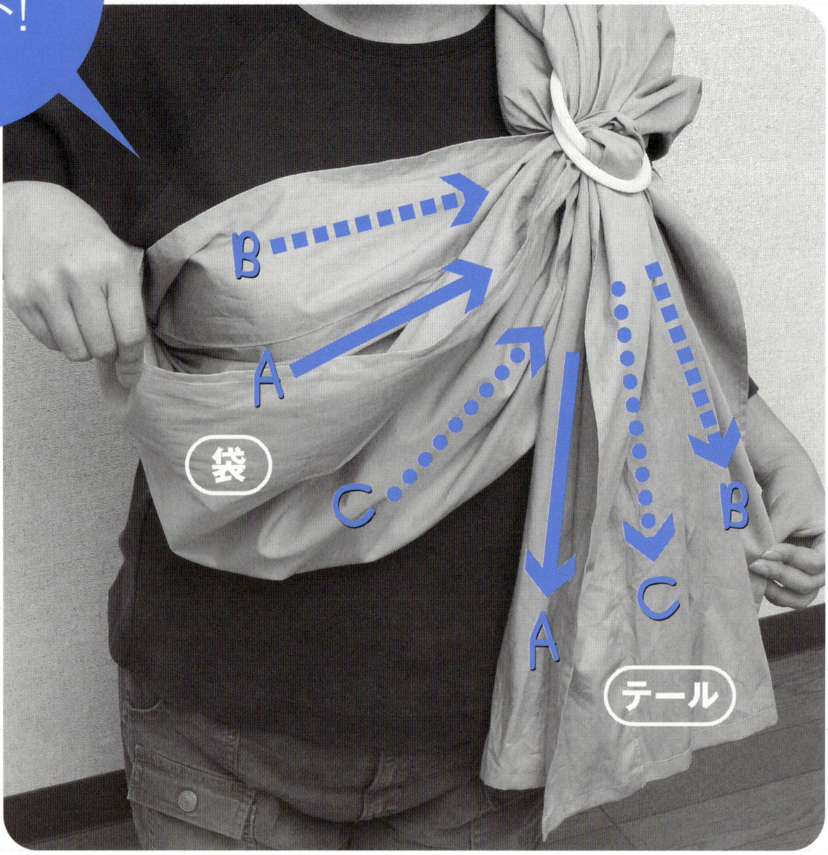

A　袋の外側を締める

B　袋の内側を締める

C　袋の底を締める

A　テールの内側をひく＝袋の外側を締める

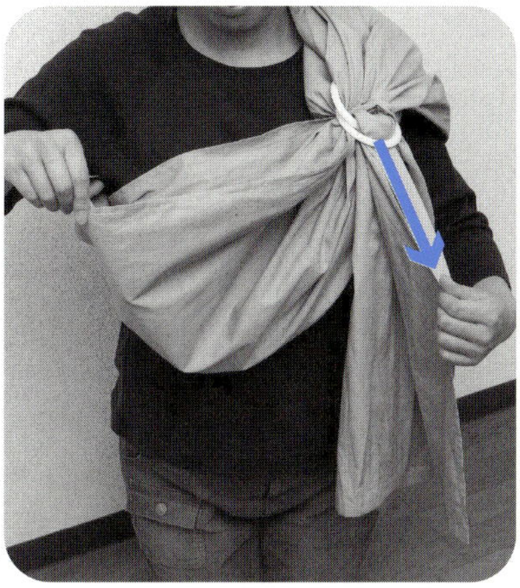

袋の外側のふちを締めるときは、テールの内側の端をひきます。

この部分がゆるんでいると、赤ちゃんがママやパパの身体から離れて、落下する危険があります。赤ちゃんをスリングに入れた後は、必ずこの部分の布をきっちりと締めて、赤ちゃんを密着させてください。

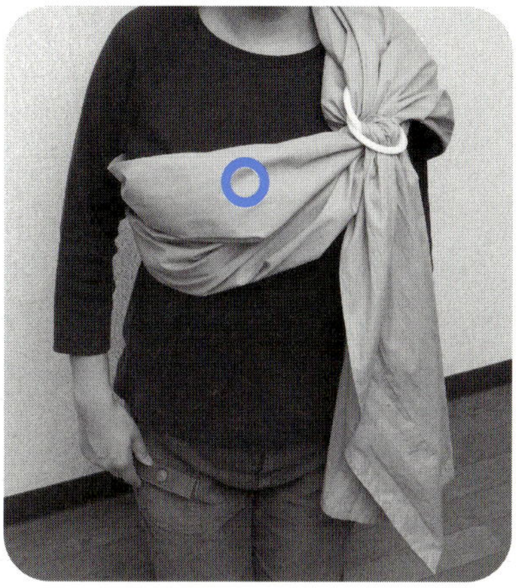

B　テールの外側をひく＝袋の内側を締める

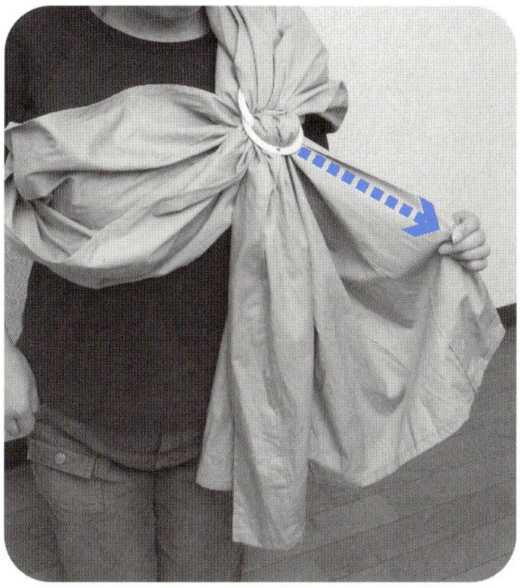

ママやパパの身体にくっつく側を締めるときは、テールの外側をひきます。

横抱きやたて抱きなどのときは、ここをよく締めて、赤ちゃんを袋に包み込むようにします。赤ちゃんの足を出す寄り添い抱きなどのときは、この部分を少しゆるめにしておき、赤ちゃんが入ってから調節します。

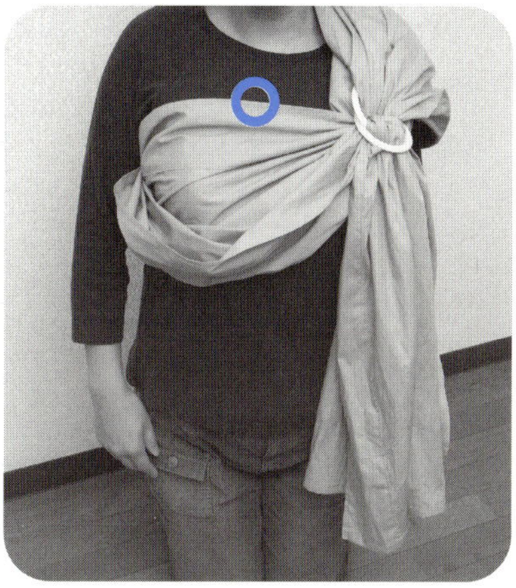

C　テールの真ん中をひく＝袋の底を締める

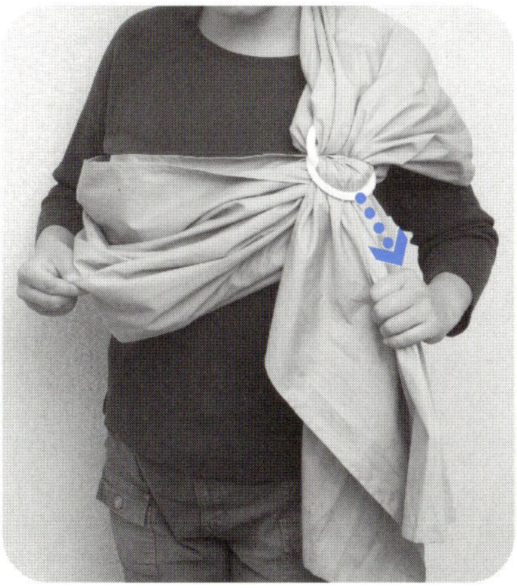

袋の底が深すぎるときは、テールの真ん中をひいて底を浅くします。

横抱きや半たて抱き、ゆりかご抱きのときは袋をやや浅めに、たて抱きや寄り添い抱きなどのときは、袋をやや深めにセットしておきます。底の部分をひきすぎると袋の形ができないので、注意しましょう。

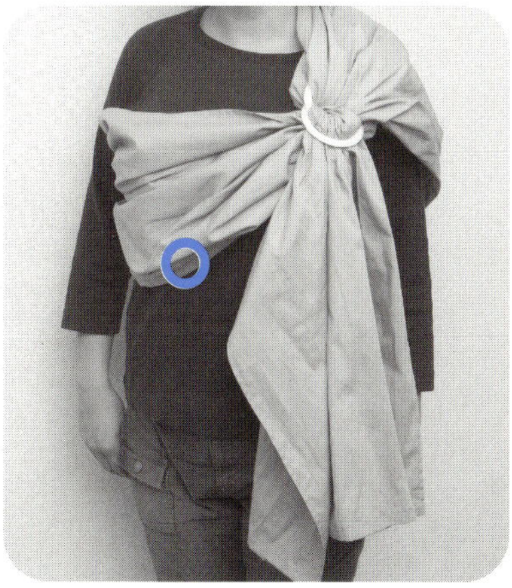

きほん3

赤ちゃんを入れる準備

スリングで赤ちゃんを抱っこする前に、下にあげた4つのポイントをチェックしておきましょう。赤ちゃんをスリングに入れてからでは直しにくい部分もあるので、初めてのときは特に、準備をよく整えてから始めると安心ですよ。

ここをチェック!!

POINT 1

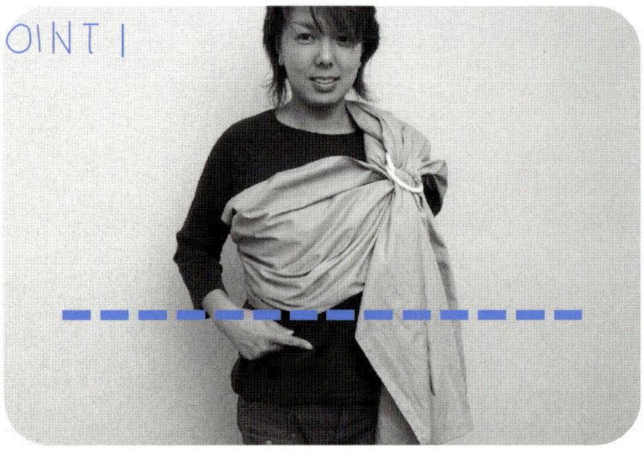

スリングの底の高さ

袋の底の部分がおへそより上にくるように、スリングをセットしておきましょう。下がりすぎたときは、テールをひいて調節してください。赤ちゃんが入ると重みでスリングが下がるので、何も入っていない状態で「これじゃ位置が高すぎるかな？」と思うくらいにセットすると、ちょうどよくなりますよ。

POINT 2

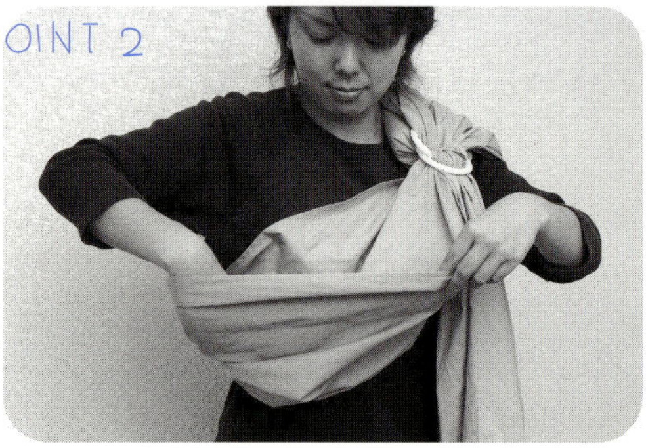

袋の形を整える

赤ちゃんが入る部分の布を、袋状に整えておきましょう。ふちの部分（＝テールの両端）を多めにひくのがポイントです。袋の底の部分（＝テールの真ん中）をひきすぎると袋にならず、平らになってしまうので、赤ちゃんが入れません。実際に赤ちゃんが入るところを想像しながら、袋の形を整えておきましょう。

POINT 3

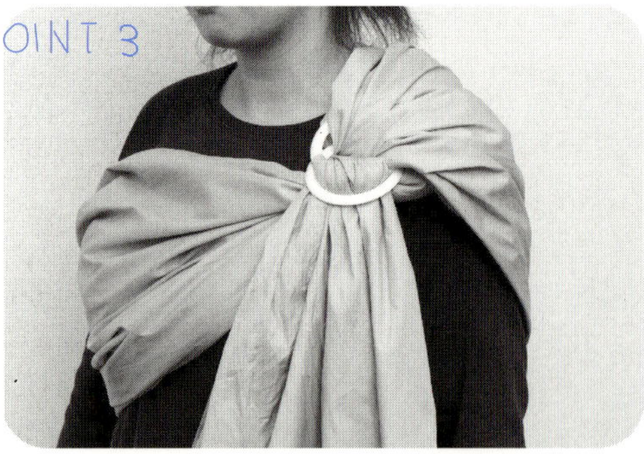

リングの位置

リングは肩のすぐ下にセットしましょう。リングの位置が低いと、横抱きなどの場合、赤ちゃんの入るスペースが小さくなってしまいますし、たて抱きなどの場合は、赤ちゃんの頭がリングに当たることがあります。使っているうちに下がってきやすいので、ときどきチェックして直すとよいでしょう。

POINT 4

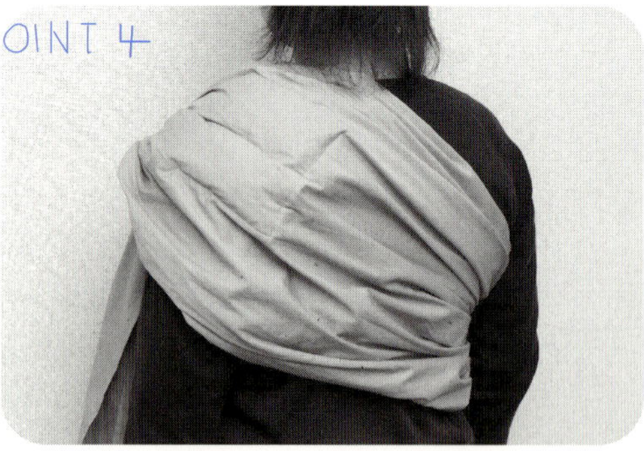

肩にかける位置

肩のやや外側寄りにスリングをかけて使いましょう。首に寄っていると、布が食い込んで痛くなってしまいます。腕のつけ根をスリングで覆うようにかけると、ちょうどよいでしょう。肩の部分にパッド（綿）が入っているものだと、より肩にソフトです。

赤ちゃんを抱き上げる

スリングに赤ちゃんを入れるときは、まずげっぷをさせるような形で、スリングをかけていないほうの肩に、赤ちゃんをかつぐようにします。慣れないうちは少し恐いかもしれませんが、ママやパパが身体を少し後ろにそらしてあげると、赤ちゃんの身体が安定します。

新生児の場合、赤ちゃんの足の裏とおしりを片手でまとめて持つようにすると、かかえやすいでしょう。大きな赤ちゃんの場合は、ももの辺りをまとめてかかえます。

新生児の場合

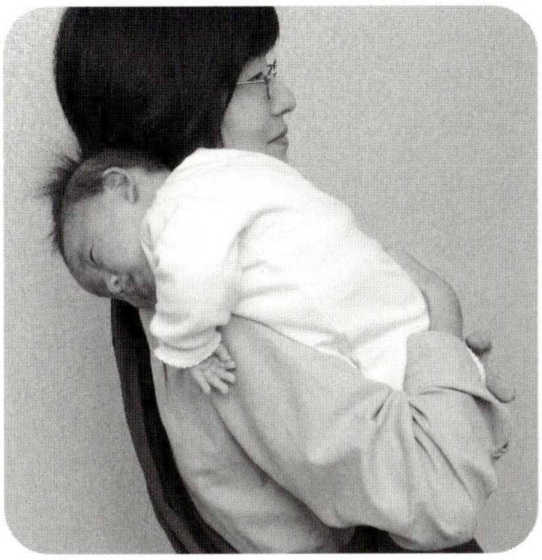

大きくなってきたら…

布のひき方・ゆるめ方

テールをひくときは、布を上に向かってひっぱるのがコツです。2本のリングの間に隙間ができるので、布を動かしやすくなります。

それでもテールをひきにくいときは、反対の手で赤ちゃんの身体をスリングの下から持ち上げ、リングの部分に重みがかからないようにすると、布をすっとひけます。

逆に布をゆるめたいときは、片手で外側のリングを持ち上げます。すると赤ちゃんの重みで自然に布がゆるみます。

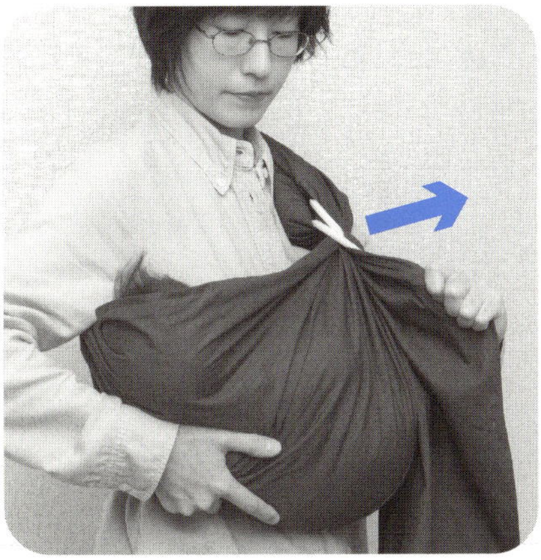

テールを上に向かってひきます。

リングを持ち上げて布をゆるめます。

抱っこ●variation 1

横抱き（基本抱き）

スリングの底に赤ちゃんを寝かせる形の抱っこです。
おっぱいをあげるときにも適しています。
首がすわる前の赤ちゃんから可能で、大きくなってきた赤ちゃんも、
足をスリングの外に出してあげれば横抱きができます。
赤ちゃんが眠ったら、スリングごとお布団に寝かせればOKです。

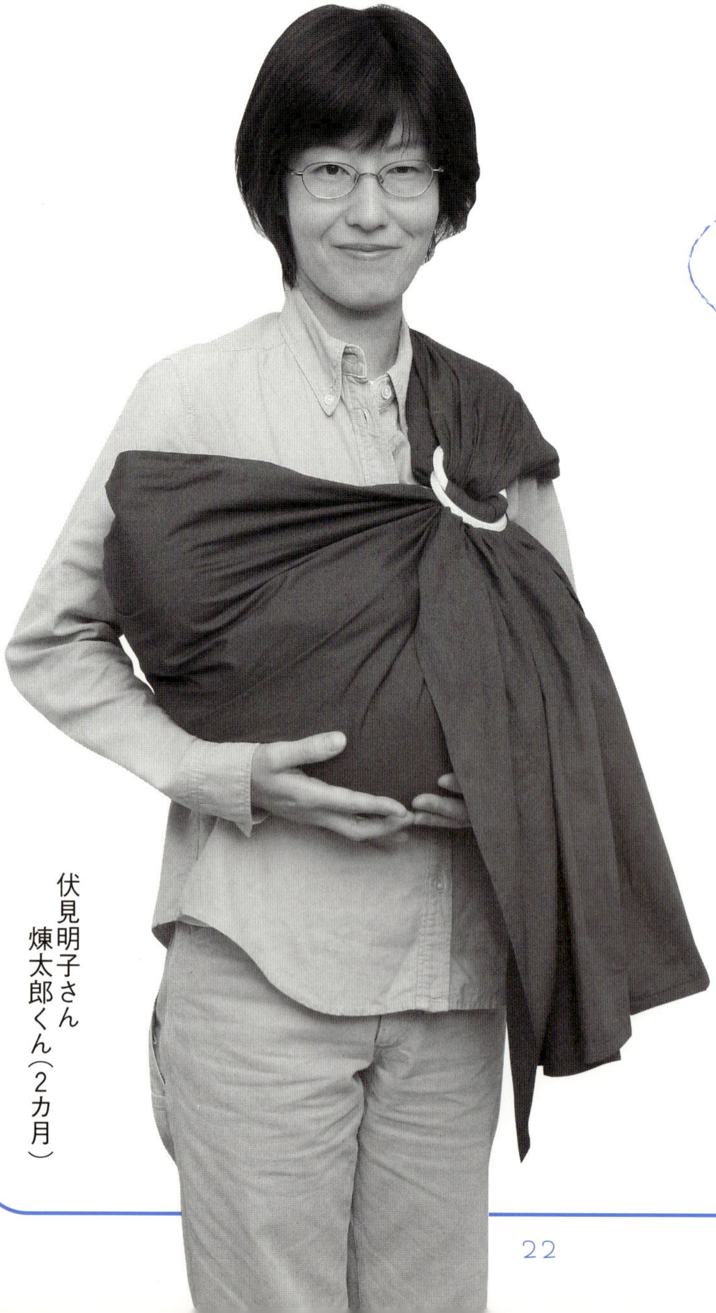

伏見明子さん
煉太郎くん（2カ月）

スリングの準備

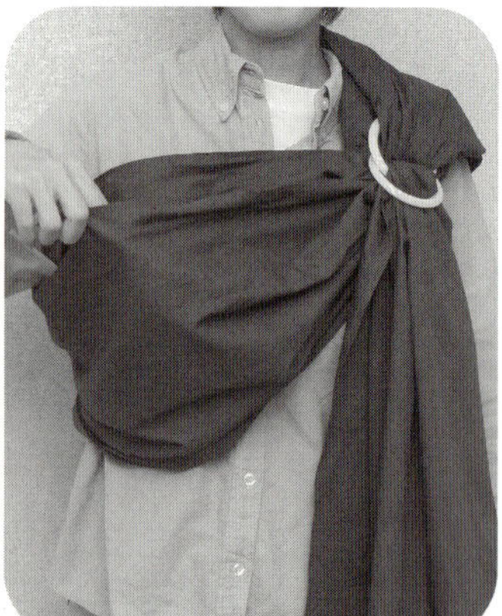

袋の底は、やや浅めにしておきます。赤ちゃんを入れやすいよう、外側のふちは少しゆるめにしておき、赤ちゃんが入ってからテールをひいて、袋のふちを締めましょう。

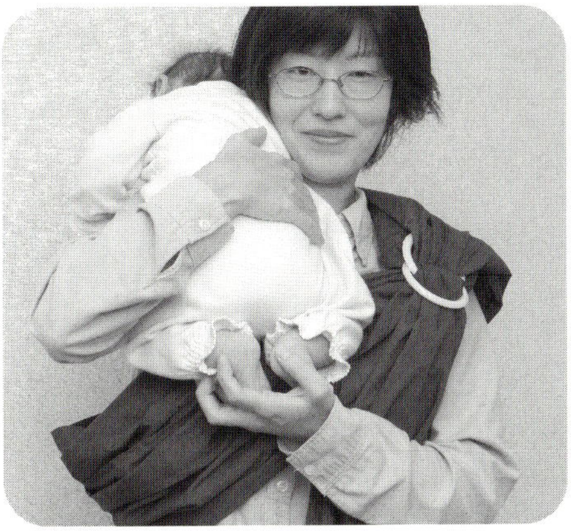

1 ゲップをさせるときのように、赤ちゃんを肩にかつぎます。

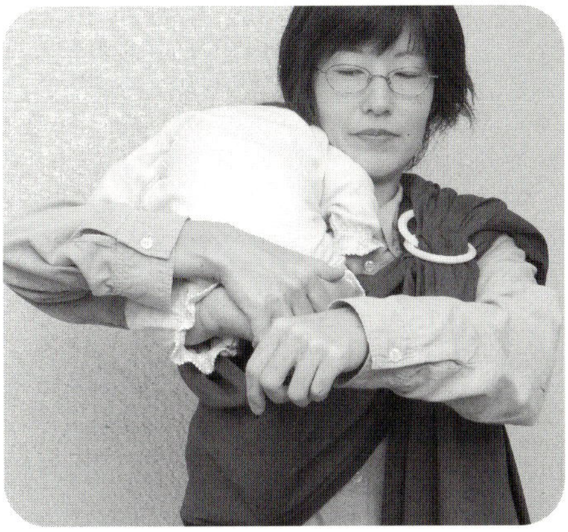

2 赤ちゃんの両足をまとめるように抱え、反対の手で袋の入口を広げます。ママの腕ごと中に入れます。

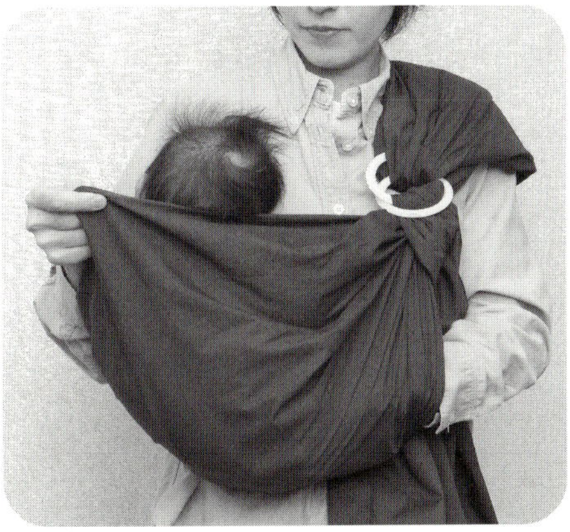

3 赤ちゃんがスリングに入ったら、横に寝かせるように位置を調整します。(p35参照)

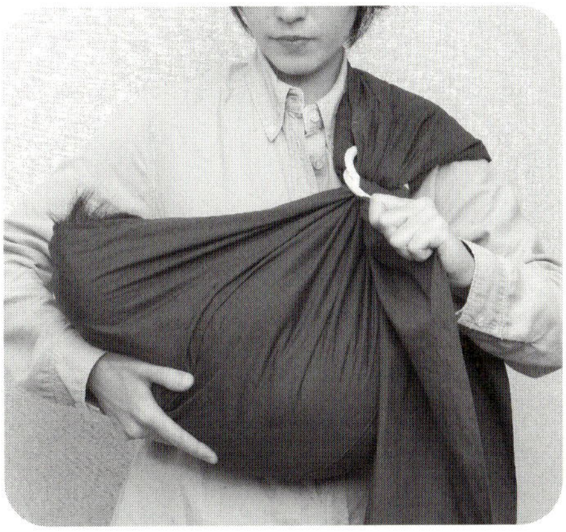

4 テールをひいて、袋のふちを締めます。片手で赤ちゃんを持ち上げると、布をひきやすくなります。

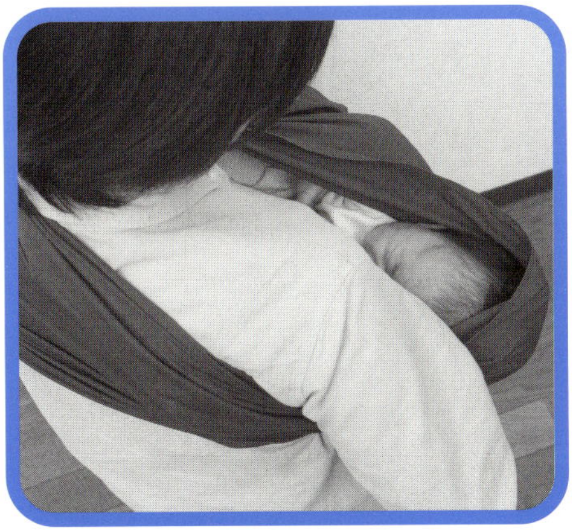

上から見たところ

赤ちゃんはすっぽりと布にくるまれ、ママの身体に密着しています。この姿勢で授乳ができます。

check!

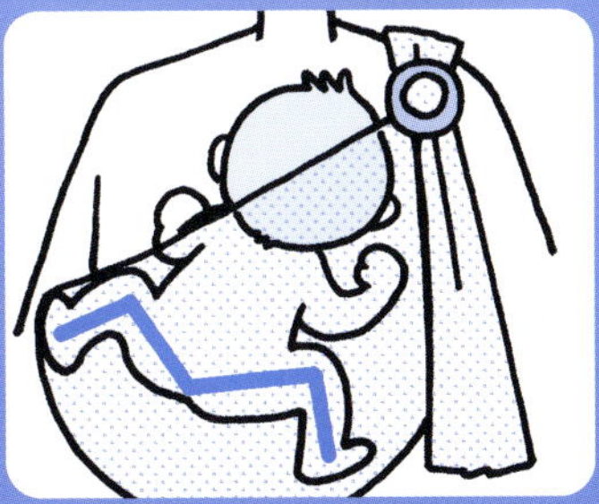

スリングの中の様子

横抱きやゆりかご抱きをするときは、股関節脱臼防止のため、足をM字に保って下さい。イラストはゆりかご抱きの場合です。

イラスト：あべかよこ

抱っこ●variation 2

半たて抱き

赤ちゃんの身体を、横抱きより少し起こした形の抱っこです。
首がすわる前の赤ちゃんからできます。
テールで袋のふちを調節すると、赤ちゃんの身体の角度を変えられます。
赤ちゃんがいろんなものを見たがるようになったら、横抱きから
半たて抱きにして視界を広げてあげましょう。

1

片方の手でスリングの袋を広げ、肩にかついだ赤ちゃんをすべり込ませるようにスリングに入れます。

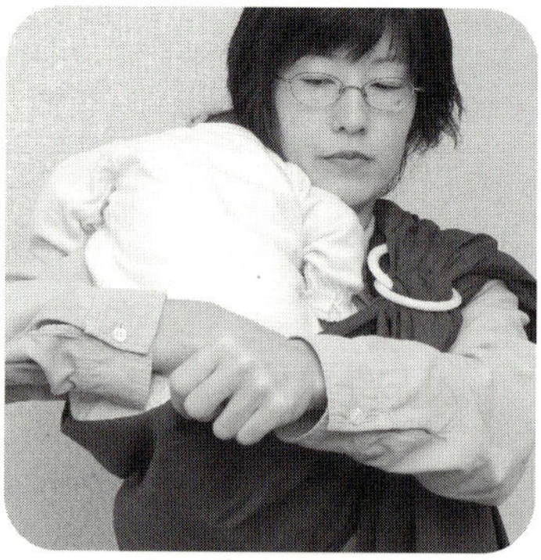

2

ママの腕ごと、赤ちゃんをスリングの中に入れ、赤ちゃんの頭が少し布から出るくらいに位置を調整します。

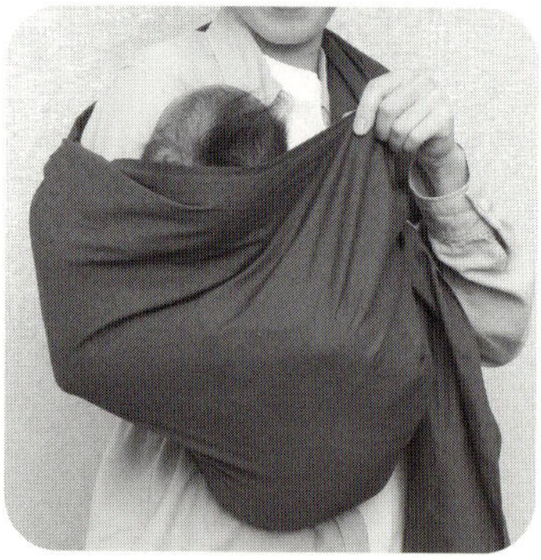

3

赤ちゃんの身体を奥にずらすときは、袋のふちを持って、ゆするようにします。最後にテールをひいて、袋を締めます。

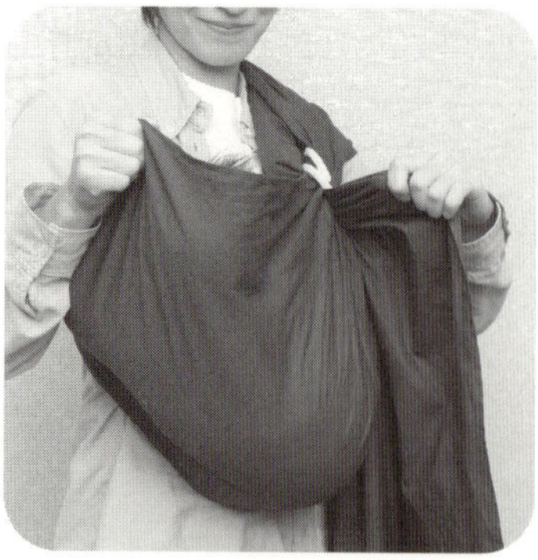

抱っこ●variation 3

ゆりかご抱き

リングの下に赤ちゃんの頭がくる形の抱っこです。
身体の角度をちょうどよく調節すれば、授乳しても目立ちません。
首がすわる前からできますが、大きくなった赤ちゃんには
窮屈なので、あまり向かないでしょう。
赤ちゃんは、ゆりかごに入っているように気持ちよさそうです。

1

片手でスリングの袋を広げながら、肩にかついだ赤ちゃんをすべらせるようにしてスリングに入れます。

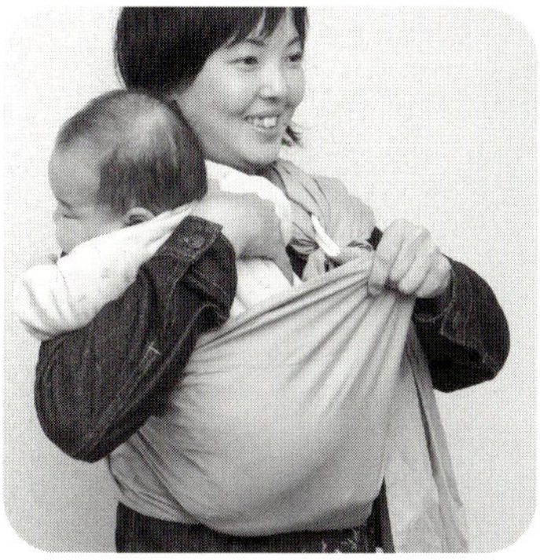

2

ママの腕ごと、赤ちゃんをスリングに入れて、袋の中に赤ちゃんを寝かせます。

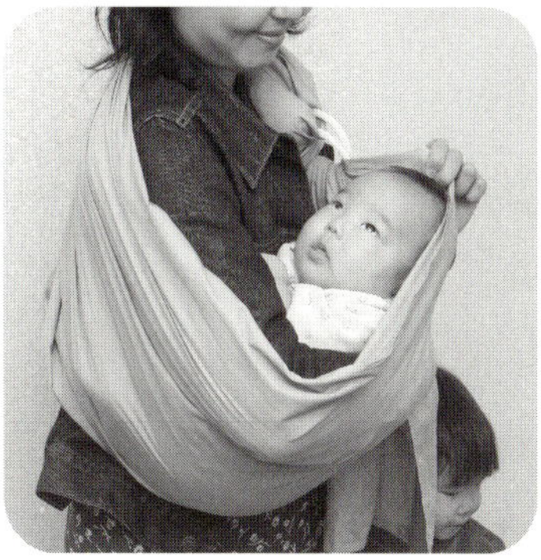

3

テールをひいて袋のふちを締め、赤ちゃんを身体に密着させます。

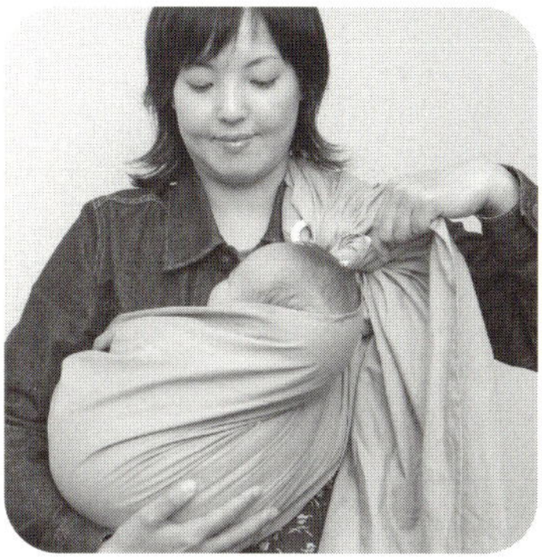

根元麻衣子さん
竣基くん（2カ月）

抱っこ●variation 4

たて抱き

スリングの底に赤ちゃんが座る形の抱っこです。
赤ちゃんの足は、スリングの中であぐらをかいています。
視界が広がっていろいろ見えるので、赤ちゃんもうれしそうです。
袋のふちを絞めて、赤ちゃんの身体を
ぴったり密着させておくのが、安全な抱っこのポイントです。

常原直子さん
哲郎くん（8カ月）

スリングの準備

袋の底は、やや深めにしておきます。赤ちゃんを入れやすいよう、外側のふちは少しゆるめにしておき、赤ちゃんが入ってからテールをひいて、袋のふちを締めましょう。

1 ゲップをさせるときのように、赤ちゃんを肩にかつぎます。

2 片手で袋の入口を広げます。ママの腕ごとスリングに入れて、赤ちゃんを袋の底に座らせます。

3 テールをひいて、袋のふちを締めます。赤ちゃんの身体をママに密着させましょう。

上から見たところ

ママと赤ちゃんの顔が近く、いつでもコミュニケーションをとれるので、ママも安心です。

column

リングに頭がぶつかるときは

たて抱きや寄り添い抱きをしたとき、赤ちゃんが動くとリングに頭をぶつけることがあります。そんなときは、テールをくるりとリングに巻き付けておけば、赤ちゃんの頭がぶつかっても痛くありません。家事をするときなど、テールが邪魔になるときも、リングの部分に巻きつけておくとよいでしょう。

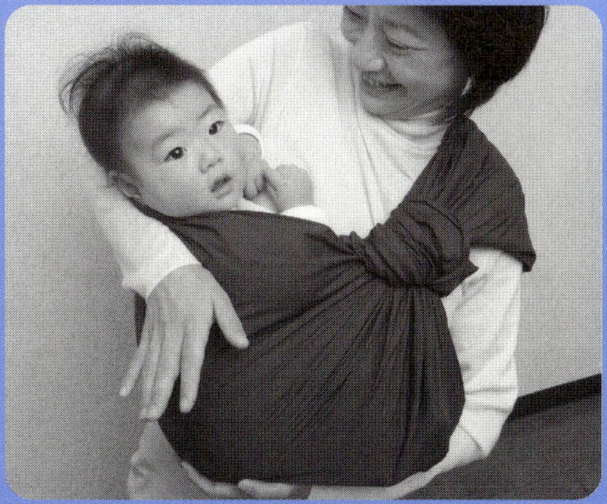

寄り添い抱き

スリングの袋の部分に赤ちゃんが腰かける形の抱っこです。
赤ちゃんの両足は、ママの身体にまたがっています。
スリングから赤ちゃんが抜け落ちないよう、布でおしりをすっぽりと
覆っておくのがポイントです。
足を動かせるので、活動的な赤ちゃんも満足そうです。

的場晴美さん
詩織ちゃん（1歳0カ月）

スリングの準備

袋の底は、やや深めにしておきます。内側のふちからは赤ちゃんの足が出るので、少しゆるめにしておきます。外側のふちもゆるめにしておき、最後にテールで調節します。

1

赤ちゃんを肩にかつぎ、反対の手をスリングの下から入れて、赤ちゃんの足をスリングに通します。

2

赤ちゃんの両足を広げ、袋の部分に腰かけさせるように入れて、背中側の布をひっぱりあげます。

3

赤ちゃんのおしりの下の布を、ひざの裏までしっかりとひきます。最後にテールの調節を忘れずに。

point

安全な抱っこのための注意点

赤ちゃんのおしりの部分を、布でしっかりと覆うのがポイントです。覆い方が浅いと、赤ちゃんがスリングから抜け落ちてしまう可能性があるので、注意してください。わきの下からひざの裏まで布がかかっていればOKです。必ずテールをひき、赤ちゃんの身体を密着させましょう。

○例

ひざの裏に布がたまっていれば安全です。

×例

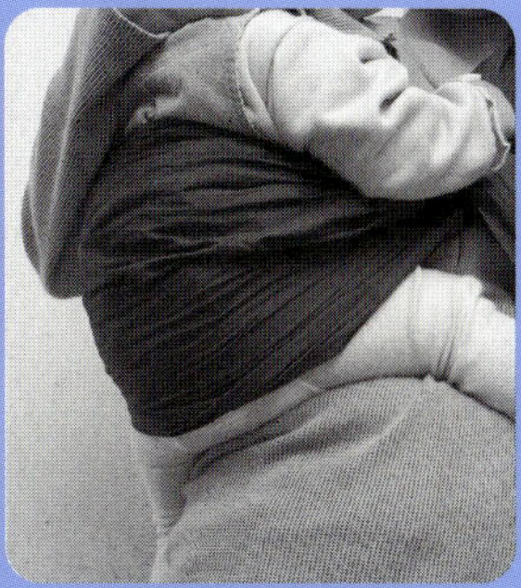

今にもおしりが落ちそう!危険です。

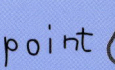

抱っこ●variation 6

腰いす抱き

ママの腰骨に、赤ちゃんが腰かける形の抱っこです。
寄り添い抱きをしてから、スリングごと少しずつ横にずらしていきます。
赤ちゃんの重みを腰骨で支えられるので、
抱っこがより軽く感じられます。安全に抱っこするために、
赤ちゃんのおしりを布でしっかり覆ってください。

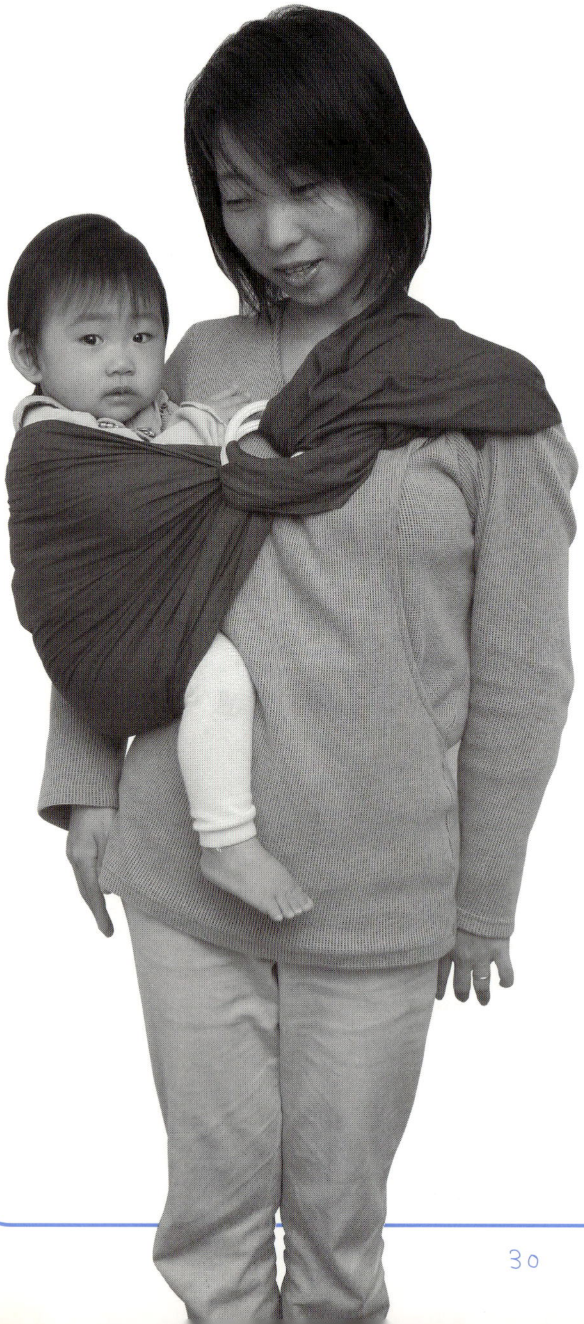

1 寄り添い抱きをする（p28・29を参照）。テールをひいて、赤ちゃんを密着させておきましょう。

2 ゆっくりとスリングをずらして、赤ちゃんを身体の横に移動する。リングの位置はやや下がります。

抱っこ●variation 7

おんぶ

背中に赤ちゃんをしょった、おんぶの形です。
寄り添い抱きをしてから、スリングごと背中までずらしていきます。
身体の前が空くので、掃除など家事をしたいときに便利です。
スリングを背中に動かす前に、布が赤ちゃんの
おしりをしっかり覆っていることを、よく確認しておきましょう。

1　寄り添い抱きをする（p28・29を参照）。テールをひいて、赤ちゃんを密着させておきます。

2　ゆっくりとスリングを動かし、赤ちゃんを背中までずらす。リングの位置は、下に移動します。

抱っこ●variation 8

カンガルー抱き

スリングに赤ちゃんを前向きに入れる抱っこです。
ちょうど、カンガルーの赤ちゃんがママの袋に入っているように見えます。
まわりをよく見渡せるので、いろんなものを見たがる赤ちゃんを
外に連れて行くときなどによいでしょう。
赤ちゃんが乗り出さないよう、袋のふちをよく締めておきます。

氏家美穂子さん
颯太郎くん（7カ月）

スリングの準備

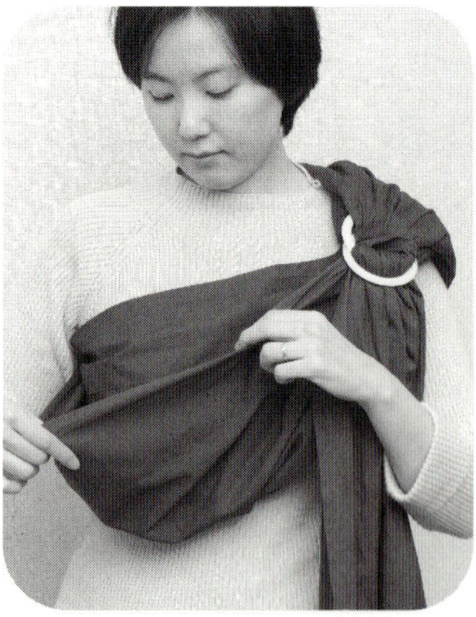

袋の底は、やや深めにしておきます。赤ちゃんを入れやすいよう、外側のふちは少しゆるめにしておき、赤ちゃんが入ってからテールをひいて、袋のふちを締めましょう。

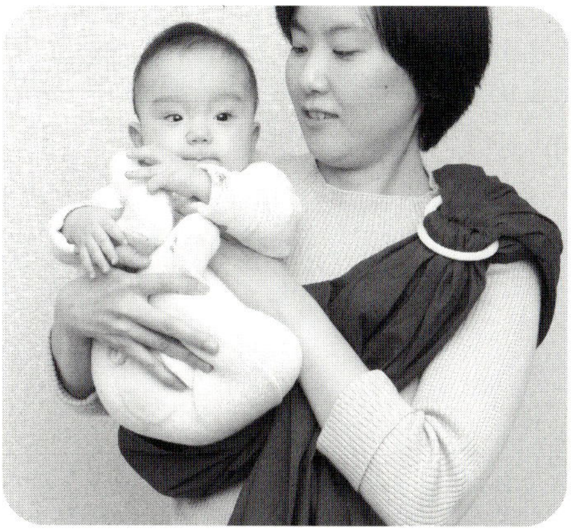

1　赤ちゃんの両足をまるめるようにして、片手で抱えます。

2　反対の手で袋の入口を広げ、ママの腕ごと赤ちゃんをスリングに入れます。

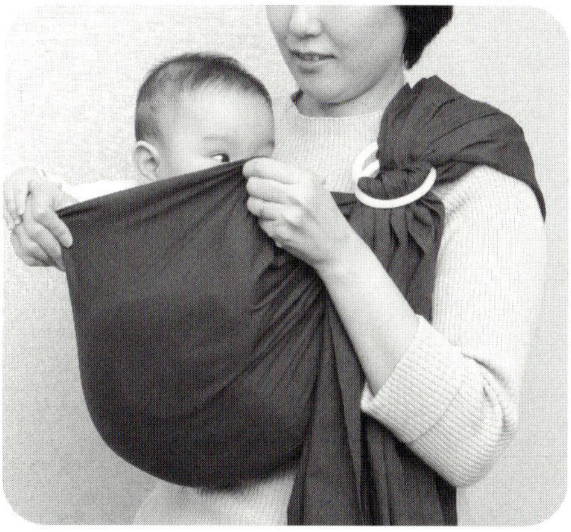

3　袋のふちの部分をもって軽くゆすり、赤ちゃんのおしりが袋の底で安定するように調節します。

4　テールをひいて、袋のふちを締めます。片手で赤ちゃんを持ち上げると、布をひきやすくなります。

check!

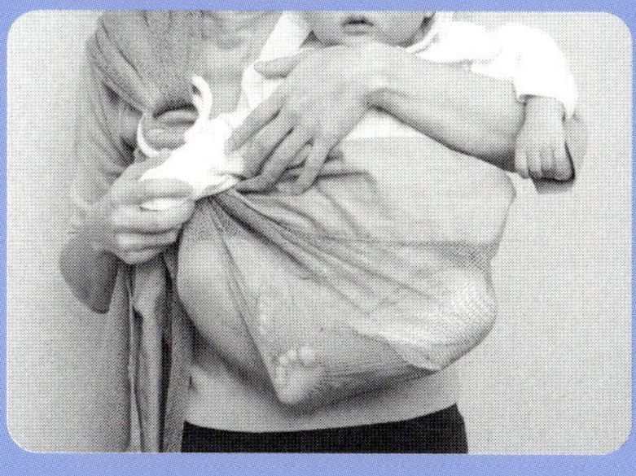

スリングの中の様子

赤ちゃんはスリングの中であぐらをかいています。きつそうですが、布を透かして見ると、中は意外と余裕があります。

こんなのも
参考にね!

授乳のやり方

横抱きやゆりかご抱きなら、ママのおっぱいの前に赤ちゃんの
顔がくるので、いつでも簡単に授乳ができます。
外出先でもスリングが目隠しになるので、人目につきません。
テールを広げておけば、さらに安心ですね。

片側のおっぱい

いつもの抱っこのままで、赤ちゃんにおっぱいをあげられます。

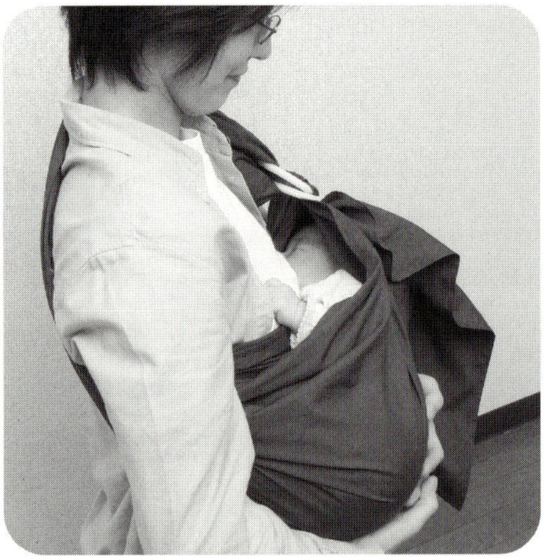

反対側のおっぱい

赤ちゃんをいったんスリングから出し、頭の向きを逆にして、反対側のおっぱいを飲ませます。

テールで隠す

テールを広げて赤ちゃんの上から覆えば、周りの人にも気付かれません。

赤ちゃんの位置の調節

スリングの中で赤ちゃんの位置を調整したいときは、
やや前かがみになって、袋のわきから手を入れて赤ちゃんを動かします。
スリングの中はきつそうに思えますが、周りが布なので、
手が入ってきても赤ちゃんは苦しくありません。

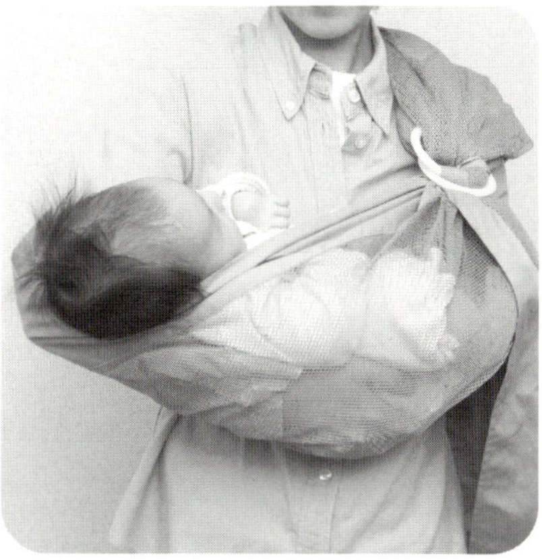

背中側から手を入れて位置を調節する。

足のほうから手を入れて動かす。

赤ちゃんが眠ったとき

赤ちゃんが眠ったときは、スリングごとそっと布団におろして、
ママやパパがスリングから身体を抜きます。
出にくいときは、リングを持ち上げて布をゆるめましょう。布団においたあとは、
赤ちゃんの身体にスリングをそのままかけておけば、肌掛けにもなります。

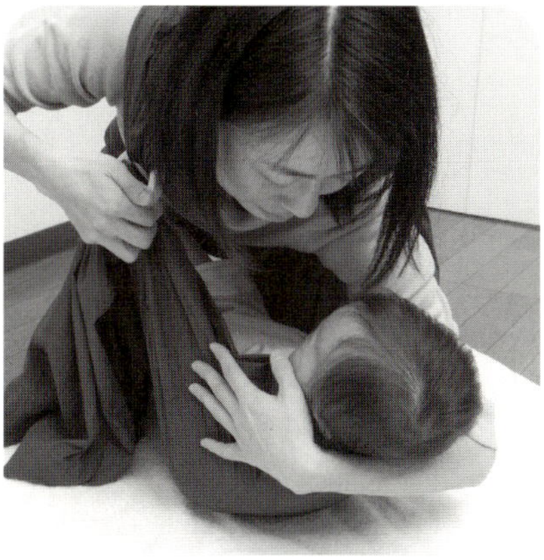

赤ちゃんのおしりから布団におろします。

目を覚まさないよう、そっと身体を抜きます。

赤ちゃんの出し方

スリングに入っている赤ちゃんが自由に遊びたがっているときは、
スリングから出してあげましょう。
外側のリングを持ち上げて、袋のふちを少しゆるめておくと、
赤ちゃんを出しやすくなります。

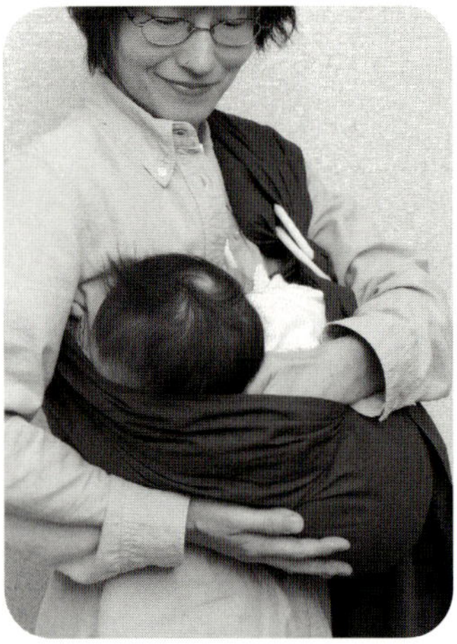

1 赤ちゃんの背中の後ろに手を入れて、身体を起こします。

2 両手で脇の下をしっかりと抱っこします。

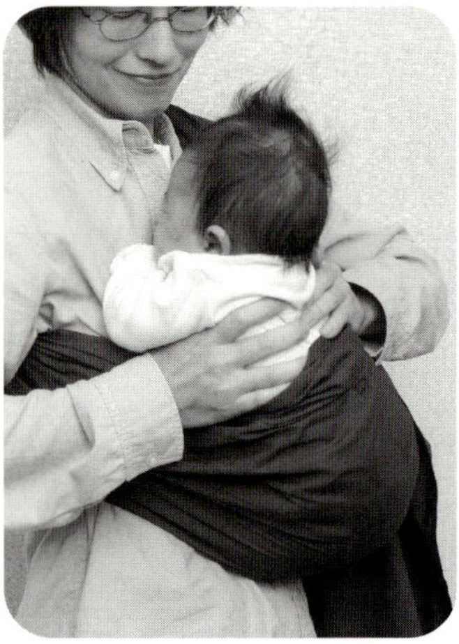

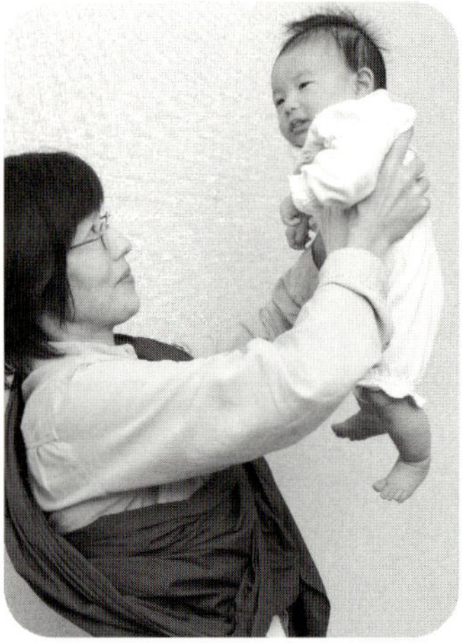

3 赤ちゃんの足がスリングから抜けるまで、ゆっくりと持ち上げます。

抱っこのバリエーション

この本では、スリングを使った8種類の抱っこの仕方を紹介しました。

最初は、赤ちゃんをうまく抱っこできているかよくわからないかもしれませんが、赤ちゃんの身体が安定して、嫌がっていなければ、問題ありません。

写真は、袋の底の部分に赤ちゃんをまたがらせるようにした抱っこです。

Notes for you and your baby.

注意すること

スリングを快適に使うためのポイントです。
一番の基本は、赤ちゃんの安全を確認しながら抱っこすること。
ママやパパが、赤ちゃんの様子と周りの状況をよく確認しながら、
スリングを使うようにしましょう。

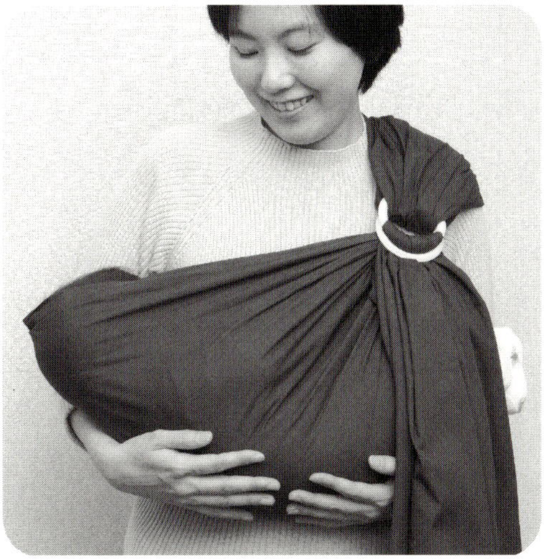

1 ママやパパが落ち着いて使う

最初にスリングを使うときは、ママやパパがリラックスした状態で始めましょう。初めてのスリングにママやパパが緊張していると、赤ちゃんにも気持ちが伝わって、不安になって泣いてしまいます。忙しいときや、赤ちゃんが泣いてママやパパが焦っているときは避け、ゆっくりと落ち着いて時間がとれるときに試してみましょう。

うまくいかないときは、家族や友だちなど、誰かに手伝ってもらってもいいですね。

2 赤ちゃんの様子を見ながら抱っこする

初めてスリングを使おうとしたら、赤ちゃんが嫌がって大泣き！　そんなときは、赤ちゃんが落ち着いたときにもう一度トライしてみてください。ご機嫌のいいときに何度か試してみて、スリングが快適だと赤ちゃんが分かれば、もう泣かなくなるでしょう。また、横抱きで嫌がる赤ちゃんも、たて抱きやカンガルー抱きならOKのこともあるので、赤ちゃんの反応をよく観察して、好みの体勢を探してみましょう。

3 スリングは腰より上の位置で使う

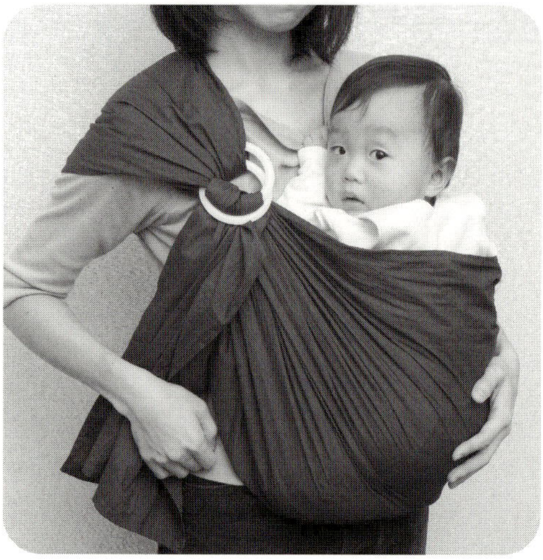

スリングに入った赤ちゃんの位置が低すぎると、ママの身体が安定しづらく、抱っこしていてもすぐに疲れてしまいます。いつも素手で赤ちゃんを抱っこするときと同じくらいの高さになるよう、スリングを調節して使いましょう。

また、赤ちゃんをスリングに入れたときはちょうどよくても、抱っこしているうちに赤ちゃんの重みで位置がだんだん下がってくることがあるので、ときどきテールをひいて調整しましょう。

4 リングの位置が下がりすぎない

赤ちゃんをスリングに入れ直したりしているうちに、リングの位置が下がってくることがあります。リングが下がりすぎると、抱っこの種類によっては赤ちゃんの入るスペースが狭くなったり、赤ちゃんの頭にリングが当たったりするので、正しい位置に直しましょう。

ただし、寄り添い抱きから腰いす抱きやおんぶにするときは、リングの位置は下がっていますが、この場合は特に問題ありません。

5 肩の内側にスリングをかけない

スリングが肩の内側に寄って、首に食い込むようにかかっていると、抱っこしていてもすぐに肩が痛くなり、疲れてしまいます。使っているうちに首のほうに寄ってくることがあるので、気付いたときは、肩のやや外側にかけ直すようにしてください。

肩がこりやすい人は、肩にかかる部分に厚めのパッド（綿）を入れてあるものを選んでもよいでしょう。

6　袋の外側の布をきっちり締めておく

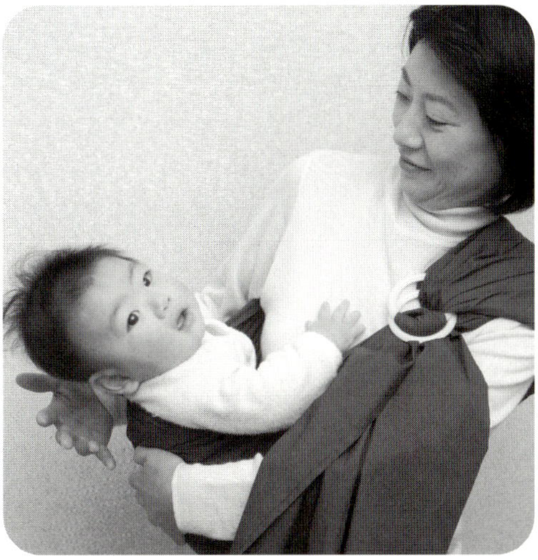

スリングに赤ちゃんを入れるときは、袋の外側の布が締まっていると入れにくいので、ゆるめにセットしておきますが、赤ちゃんが入った後は、必ずテールをひいて、袋のふちを締めておきます。赤ちゃんの身体がママやパパの身体にぴったり密着するよう、抱っこの形に合わせて、テールを調整することが大事です。

袋のふちがゆるんでいると、赤ちゃんが動いたときに落ちる危険があるので、注意してください。

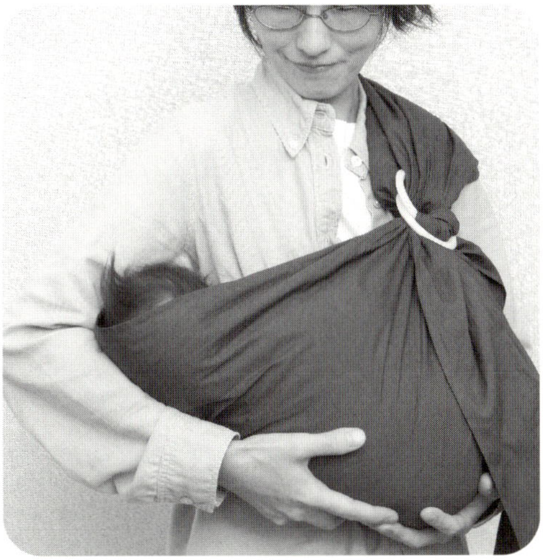

7　赤ちゃんの頭を腕でガードする

スリングで赤ちゃんを横抱きや半たて抱きにしているとき、うっかり赤ちゃんの頭を壁にぶつけたりしないように気を付けましょう。急いで立ち上がったり、部屋を出ようとしたときに、赤ちゃんの頭をゴツン！とすることがないよう、頭の部分を腕でガードしておくと安心です。

手軽に使えるスリングですが、赤ちゃんが安全に過ごせるよう、ママやパパがよく気を配ってくださいね。

8　前かがみになるときは必ず手を添える

スリングを使用中に、ママやパパが前かがみの姿勢をとるときは、必ず手を添えてください。大丈夫そうだと思っても、赤ちゃんが動くことがあるので、油断できません。特にカンガルー抱きは、赤ちゃんの頭の重心が前にいきやすいので、落ちないようによく注意しましょう。

ママやパパがスリングをしたままで床や椅子に座るときも、途中で前かがみの姿勢になるので、手を添えるのを忘れないでください。

9 赤ちゃんが中で立ち上がらないようにする

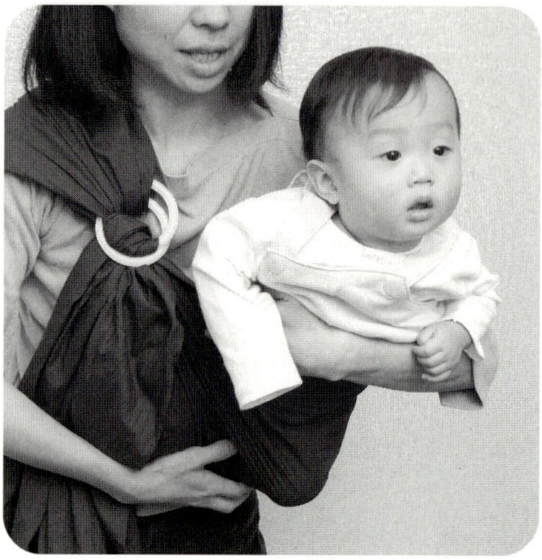

たて抱きやカンガルー抱きをしているとき、赤ちゃんがスリングの中で立ち上がらないように気を付けましょう。赤ちゃんをスリングに入れるときは、足の裏が袋の底についていると立ち上がりやすいので、あぐらをかかせるように座らせます。

どうしても赤ちゃんが足をつっぱる場合、それはスリングに入りたくないというサインです。無理にスリングに入れるのはやめて、赤ちゃんが落ち着いてから再度トライしてください。

10 自転車や車に乗るのは不可

スリングのまま自転車に乗ることは、もちろんやめてください。自動車を運転するときも、赤ちゃんは必ずベビーシートに乗せます。

外出時に、ベビーカーから赤ちゃんをスリングに移すときは、ゆとりのある場所でベビーカーのストッパーをかけ、落ち着いて行ってください。ママとパパがスリングの抱っこを交代するときも、赤ちゃんを落とさないように十分注意しましょう。

11 食事や家事のときは気をつける

スリングで赤ちゃんを抱っこしたまま食事をするときは、熱いものが赤ちゃんにかかったりしないように注意しましょう。

家事をするときも、スリングに入った赤ちゃんから手が届くところに危険なものがないよう、気を配ってください。

その他、普段赤ちゃんを抱っこしているときに、ママやパパが危ないと思うことは、スリングのときも避けてくださいね。

スリング質問箱

「こんなときは、どうすればいいの？」
スリングに関する、あれこれ疑問に答えます！

回答者：日本スリング協会・藤原真希枝

Q 赤ちゃんがスリングを嫌がるのですが？

A 赤ちゃんにもスリングが好きな子、嫌いな子といろんな個性があります。まずは、その赤ちゃんがスリングの何を嫌がっているのか、よく観察してみてください。

横抱きが嫌いな子は、布で頭を覆われるのが嫌なようです。首すわり前なら半たて抱きで頭を少し出し、周りが見えるように抱っこしてみてはどうでしょうか？　普段ママやパパが素手で抱っこするのは嫌がりませんよね？　その体勢のままスリングに落とし込みます。また、首がすわる前でも、カンガルー抱きだと機嫌がよくなってスリングに入ってくれることもあります。

それから一番重要なのは、ママやパパがあわてないこと。焦ると無理に入れることになってしまい、赤ちゃんが不安になります。ママやパパの気持ちも赤ちゃんに伝わるので、まずは自分が落ち着いて。それから徐々に、赤ちゃんが好む体勢を探してくださいね。

Q いつ頃から、何歳くらいまで使えますか？

A 新生児から3歳くらいまで使えます。ただし日本スリング協会では、生後2週間くらいまでは赤ちゃんの肺の機能が特に未熟なので、使用を控えた方がよいという見解を持っています。（協会顧問・竹内豊先生）

赤ちゃんが1歳～1歳半になり、ひとりで歩けるようになってくると、スリングの使用頻度はそれまでより少なくなると思いますが、赤ちゃんが嫌がらなければ、いつまで使っても構いません。2～3歳くらいまで使っているママやパパも多いようです。

Q スリングの中で赤ちゃんが苦しそうですが？

A まず、赤ちゃんの様子をよく観察してみてください。よく寝ていれば、それは問題ない証拠です。大人からは苦しそうに「見える」のでも、赤ちゃんにはそうでないことが多いのです。本当に嫌なときは、泣いたり暴れたりして教えてくれますよ。

いびきのような呼吸をしていることもありますが、3カ月頃までは、赤ちゃんの肺の機能は未熟なため、いびきのような音を立てることが確認されています。ほとんどの場合は3カ月を過ぎればいびきをかくことはなくなりますのでご安心ください。

どうしてもいびきが気になるときは、スリングのふちのところに、タオルを丸めて枕のように入れてあげると、音が鳴らなくなることもあります。首も支えられるし、汗取りにもなるのでオススメですよ。

ただし、スリングを使っているとき赤ちゃんの様子に何か異常があれば、直ちに使用を中止し、医師にご相談ください。

Q 外出のときに気を付けることはありますか？

A スリングの中は温かくなるので、赤ちゃんの体温調節に注意してください。赤ちゃんは体温調節の機能が未熟なので、夏場など気温があまり上がると、熱を出してしまうことがあります。洋服を調節するなどして、気を付けてあげましょう。夏に使うスリングの素材は、通気性のよいものが向きます。

Q 1日に何時間くらいまで使えますか？

A 特に決まった時間はありません。赤ちゃんの様子を見ながら使うことが、一番大切です。

長時間スリングを使う場合は、ときどき抱っこの仕方やスリングをかける肩の左右を変えて、赤ちゃんの体勢を変えてあげます。そのほうが、ママやパパも疲れにくいでしょう。

Q 布がゆるんで赤ちゃんが下がってきます。

A 右上の写真のように、リングいっぱいに生地を広げ、2本のリングがかみ合うようにしましょう。生地がごちゃごちゃに重なっていると、リングとリングの間の隙間が大

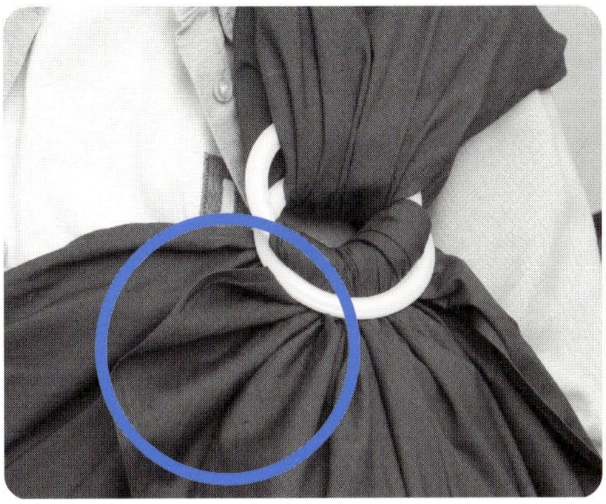

きくなり、摩擦がなくなって布がゆるみやすくなります。

生地が厚すぎる場合や、リングが太すぎる場合も同様に、リングの間が空いて布がゆるんでしまうことがあります。リングが大きすぎる場合も、生地の重なりが少なすぎて摩擦がなくなり、やはりゆるみがちです。手作りのときは、生地やリングの選び方に注意してください。

Q テールをうまく調整できないのですが？

A まず、テールのどの部分をひくと、袋のどの部分が小さくなるか、よく確認しましょう（p18・19参照）。リングの部分で布がねじれていたりすると、うまく調整できないので注意してください。

それから、「布のひき方・ゆるめ方」（p21）で説明したように、赤ちゃんの身体を片手で持ち上げるのもポイントです。初めてスリングを使う場合、リングの部分ばかり気になって、赤ちゃんを持ち上げるのを忘れてしまうママやパパが多いようです。

テールがかたくてどうしてもひきにくいときは、購入したスリングのメーカーに相談していただくか、手作りの場合はリングを大きめのものに変えてみてもよいでしょう。

Q 赤ちゃんの身体を密着できないのですが？

A テールの内側＝袋の外側の布をよくひいてありますか？　ここがゆるんでいると、赤ちゃんの身体がママやパパの身体から離れ、安定した抱っこができません。

テールをひくときは、左の写真のように、内側のひだ（○の部分）が多くたまります。ひだの量は、左右対称にならなくて問題ありません。

Q 股関節を脱臼することはありませんか？

A 0～3カ月までの間は特に脱臼しやすいので、p23のイラストのように赤ちゃんの足がM字を保つように抱っこしましょう。新生児の検診で股関節の問題を指摘された場合など、心配なときはかかりつけのお医者さんに相談してください。

月齢ごとの抱っこ

ねんねの頃
（新生児）

首がすわる前の赤ちゃんは、身体を寝かせた形の抱っこがしやすいでしょう。新生児は身体がやわらかいので、ふにゃふにゃしてスリングに入れるとき心配かもしれませんが、中に入って、赤ちゃんの姿勢が安定していれば大丈夫ですよ。

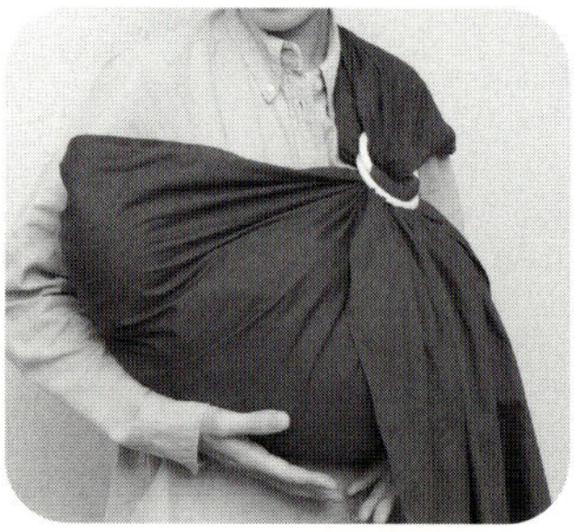

横抱き（基本抱き）

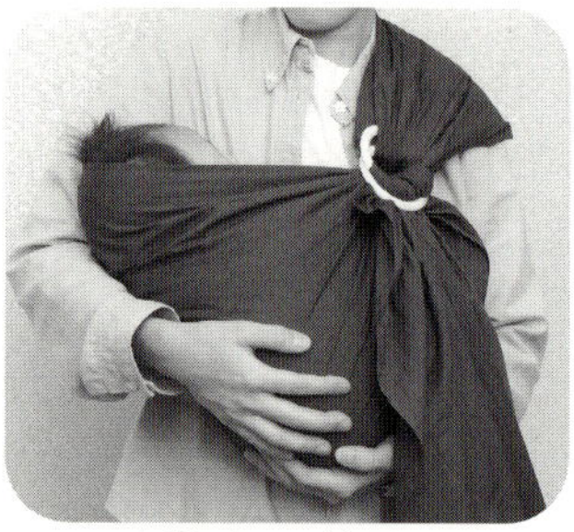

半たて抱き

ゆりかご抱き

おすわりの頃
（6〜7カ月）

首、腰がすわり、周囲のものに興味を示すようになります。いろいろ試して、赤ちゃんに合った抱っこを探してみましょう。横抱きや半たて抱きで、赤ちゃんの足がスリングの中できつそうなら、布の外に出してあげましょう。

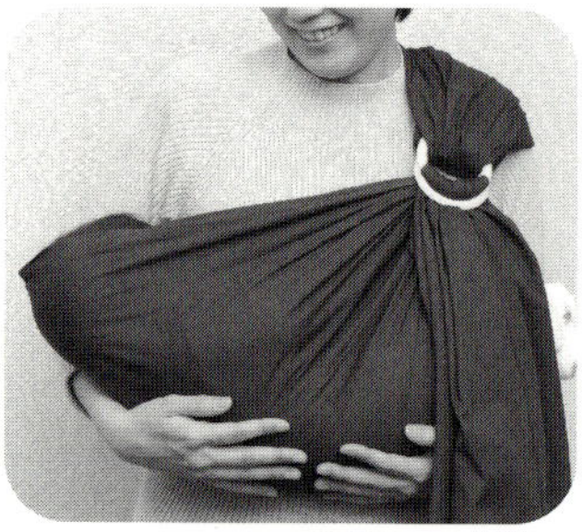

横抱き（基本抱き）

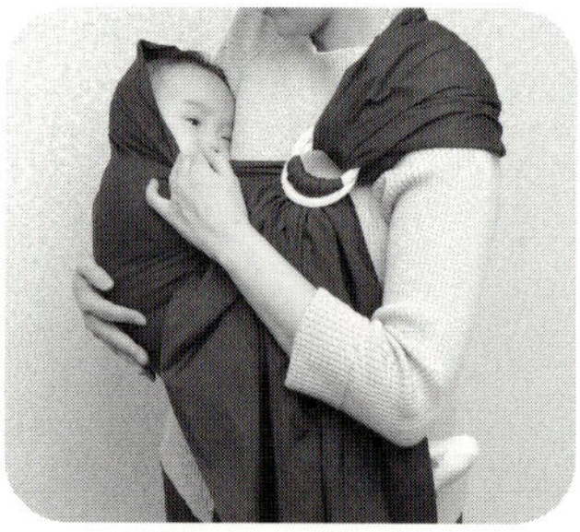

半たて抱き

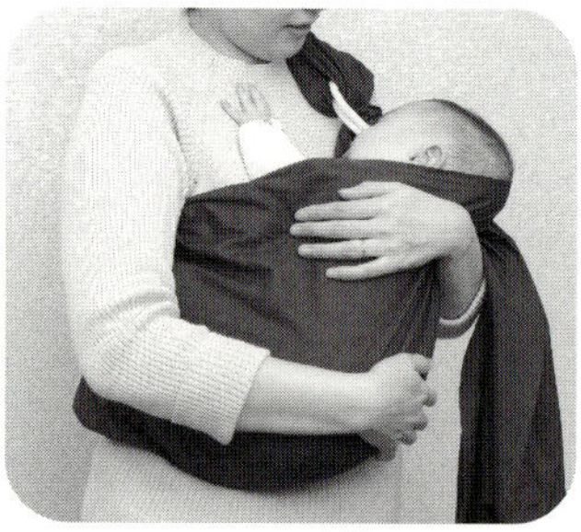

ゆりかご抱き

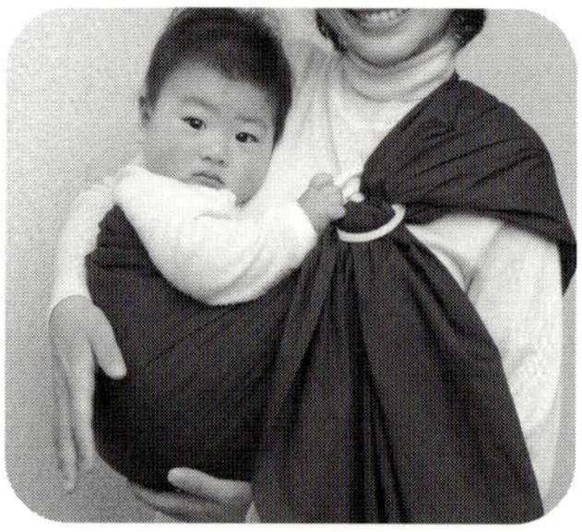

たて抱き

カンガルー抱き

使う人と
赤ちゃんに
合う抱っこを
探してね

月齢によって「この抱っこしかできない」というものはありませんが、
それぞれの時期に多く見られる抱っこのパターンをまとめてみました。
ママやパパが赤ちゃんと相談しながら、好みの抱っこを探してみてくださいね。

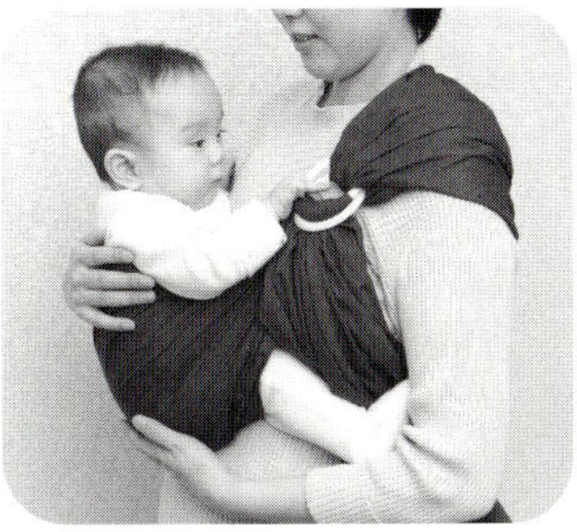

寄り添い抱き

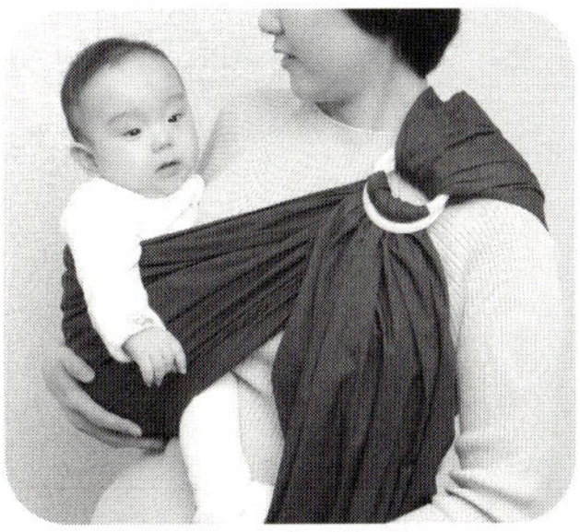

腰いす抱き

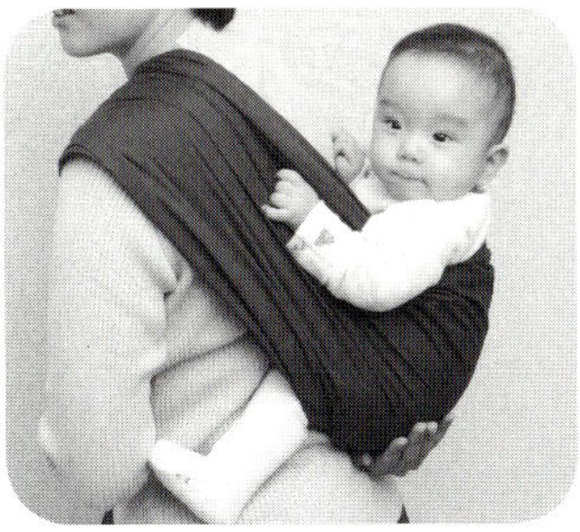

おんぶ

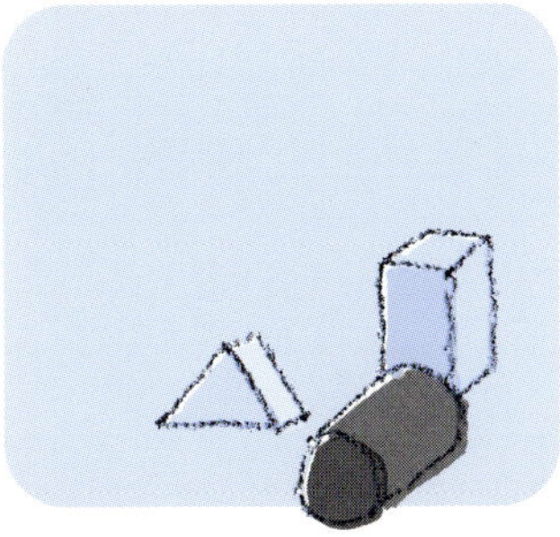

たっち・あんよの頃
（1歳）

この頃の赤ちゃんは、寄り添い抱きや腰いす抱きが多いようです。眠ったときはスリングの中で赤ちゃんを動かして、横抱きにします。たて抱きやカンガルー抱きは、赤ちゃんが立ち上がろうとすることがあるので気を付けましょう。

横抱き（基本抱き）

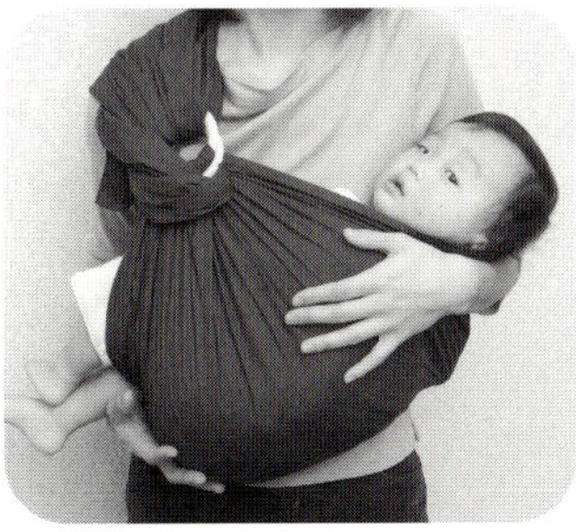

半たて抱き

たて抱き

カンガルー抱き

寄り添い抱き

腰いす抱き

おんぶ

リングなしタイプ

布をぐるりと輪っか状にした、リングを使わないタイプのスリングです。
サイズや袋の形を調整できないので、最初から使う人の身体の大きさに合ったものを用意します。大きすぎると、赤ちゃんの身体が密着せず危ないので、注意しましょう。
ふちに入った調節テープで、袋の口を締められる商品もあります。

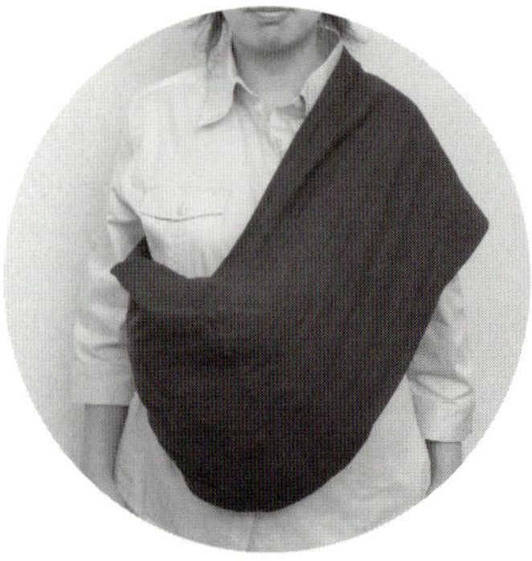

[チューブタイプ]

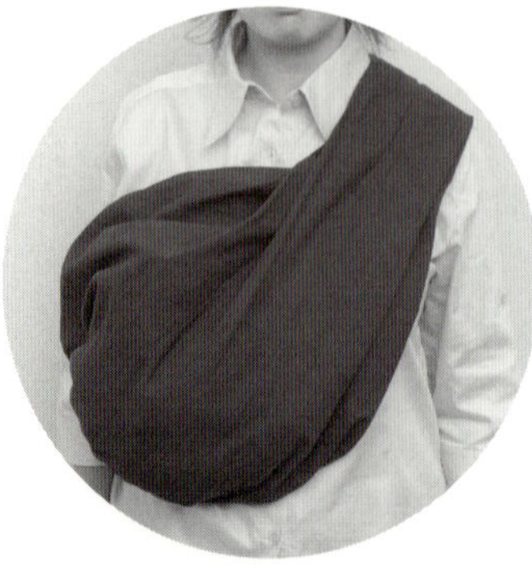

[たすきタイプ]

リングなしスリングの種類
(P14参照)
※右頁ではチューブタイプを使って、抱っこを紹介します。

ゆりかご抱き

たて抱き

寄り添い抱き

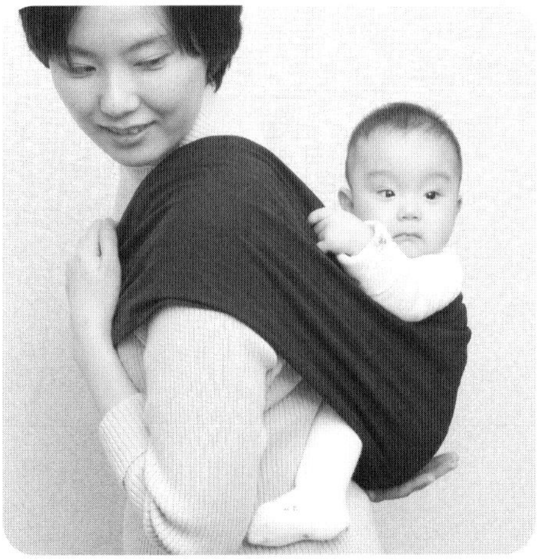

おんぶ

腰いす抱き

カンガルー抱き

バックル式

リングを使わず、バックルで簡単に着脱できるようにしたタイプです。
眠った赤ちゃんを布団におろすときも、バックルを外すだけなのでスムーズです。
袋の形は調節できませんが、サイズは身体の大きさに合わせられる
商品が主流です。ふちに入った調節テープで、袋の口を締められるものもあります。

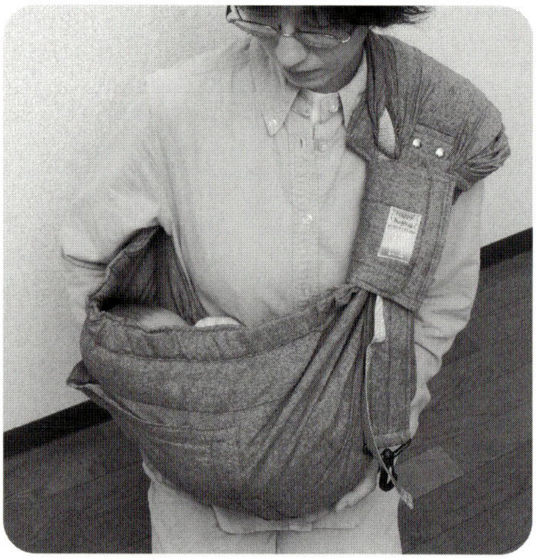

横抱き（基本抱き）

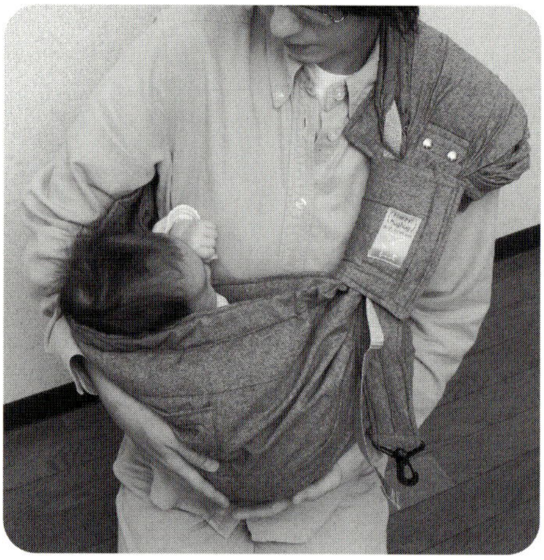

半たて抱き

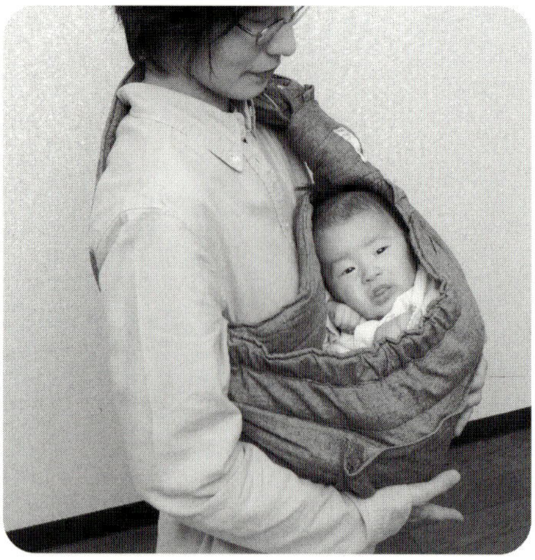

ゆりかご抱き

たて抱き

それぞれのスリングに
特徴があるねぇ

寄り添い抱き

腰いす抱き

おんぶ

カンガルー抱き

Voices of users

スリング

２人目が産まれたばかりのときにスリングの噂を聞いて、他の方のHPを参考に自分で作ってみたら、評判以上の効果にびっくり！　よくぐずっていたのでほとんど抱っこしっぱなしだったのですが、ママも楽だし赤ちゃんはゴキゲン！　特に新生児の頃はスリング抱っこですぐに眠りついてくれました。外出時はもちろんのこと、家の中でもこんなに活躍する抱っこひもって、ほかにないと思います。（大阪府　P.N.かたねさん）

最初は赤ちゃんが落ちてしまうのではないかと不安でしたが、慣れてきたら頻繁に使うようになりました。旅行好きなので、旅先でも重宝です。電車に座るときは、スリングに入れたままリングをゆるめるだけでヒザに乗せられるし、飛行機の離発着時の授乳（気圧の変化で、耳が痛くならないように）にも使えて便利です。（「抱っこひもは外してください」と言われたときは外します。）我が家の場合、子どもがスリングを気に入る時期とそうでない時期があるようで、スリングとおんぶひものブームを繰り返しています。子どもの気分やTPOによって使い分けるといいと思います。（東京都　mさん）

４カ月の長女を持つ父親です。売っているスリングでは生地が面白くないので、ほぼ20年ぶりに母からミシンを借りて裁縫をし、なんとか４時間ほどで完成いたしました。型はネットで紹介されているものを参考にしましたが、部分部分はオリジナルです。完成してまず思ったことは、かなり楽ちんだということ。横抱き

We love sling!

愛用者の声

はぐずるのであまりしませんが、たて抱きの楽なこと楽なこと。抱っこ帯だと装着にかなり時間がかかりますが、スリングだと装着が簡単。ベビちゃんとの密着度も違いますし、調節をしっかりすればちゃんとホールドされます。夏までには、アロハ柄の生地を探してもう１枚作ろうかと企んでいます。（大阪府　桑原さん）

長男（３歳半）のときは、スリングはありませんでした。２人目を妊娠中にHPを見て作ってみたら、便利、便利！　長男のお友だち親子と遊んでいて、次男がぐずると、すぐスリングへ。魔法にかかったかのように、あっという間にスヤスヤ。周りの人には、「窮屈そうに見えるけれど、気持ちいいのねぇ〜」とよく言われます。しっかりと密着するので、赤ちゃんが振られることなく、長男と手をつないで歩けるので、本当に助かっています。外食もスリングのおかげで可能になりました。（東京都　星野律子さん）

最初はいまいち使い方が分からなかったのですが、生後２週目くらいから大活躍。一日中抱っこして、家事だのなんだのをしていました。眠くなったときは、スリングをしてバランスボールに座り上下に動かしていると、寝てくれて助かりました。息子はもう１歳半ですが、今でもスリング大好き！　外に行きたいときは、自分でスリングを持ってきます。（東京都　akiさん）

最初に購入したものは、大きすぎてなかなか使いこなせず…。その後、リングあ

りのものを改めて購入しました。今度はぴったりフィットし、肩も腰もラクチンで、ずいぶん重宝しました。市販の抱っこひももありましたが、子どもが成長してくるにつれ肩と腰が痛くなり、ほとんどスリングオンリーでした。来春2人目が産まれるのに合わせ、専用のリングと布を購入したので、頑張って作ってみるつもりです。（石川県　こふさん）

ネット販売が中心で、実際に使って試せないのが不安でしたが、信頼できそうなお店を探し、妊娠中にリングつきのタイプを購入しました。妊娠中は人形を入れたりして練習し、産後すぐから2歳近くなる今まで大活用しています。外出先でも、いつも子どもの顔を見ながらコミュニケーションを取れるところが一番のお気に入りです。自分でも工夫して、上手で楽（お子さんも親も）な使い方をできるようにすると、便利度がさらにアップすると思います。（千葉県　ぽんさん）

カンガルー抱きでお散歩していると、途中で必ず人に話しかけられます。大体が「それ落っこちないの？」とかなので、「意外と大丈夫なんですよ」とか答えてます（笑）。（千葉県　こむすびさん）

全部で3本持っていたけど、よく使ったのは2本。リング式でテールの短いタイプと、リングなしのタイプ。リングなしが一番自分には使いやすかったです。調整もなかったし、袋の部分が大きいものだったので、たて抱っこにも横抱っこにも、後ろに回しておんぶでもラクチンでした。食事はいつも、スリングで抱っこしながらでした。（東京都　kazumiさん）

台風で避難勧告が出たときのこと。家族中がバタバタしている間、娘（1歳ちょっと）はトコトコと歩き回り、いつも遊んでいる段ボール箱におもちゃやお菓子を入れ始め、最後にいつも使っているスリングを底に敷いて、その上に座っていました。こうして娘の防災グッズは完成したようです。（岡山県　健治さん）

雨が降ると、保育園まで歩いていくので

We love sling!

スリングの登場です。カンガルー抱っこで、お花を見たり、犬、カエル、かたつむりなどを眺めたり、娘は雨の中でゴキゲンさんです。それにしても、はたから見たらカッパを着たひげ面のおっさんが子どもを抱えて、荷物を入れたレジ袋をぶら下げて、あっちウロウロ、こっちウロウロしている様子は、路頭に迷った親子…。そのうち通報されそうです。（岡山県　矢野さん）

ファミレスなどで食事するときは、子ども用の椅子に息子（２歳）を座らせて、スリングを息子の身体と椅子の背に一緒にかけておくと、ストッパー代わりになります。ちょっと前までは、息子をヒザの上に座らせて、肩から外したスリングで自分のお腹に密着させて食べていました。（東京都　あきよさん）

２カ月の頃、祖母に作ってもらったスリングを使い始めました。最初に入れるときは嫌がっていましたが、スリングに入った途端に、寝つきの悪い息子が「もう眠くてたまらん…」という顔になり、たちまち寝てしまったのでホントに驚きました。すぐ手ばなせなくなりましたが、使い始めて間もなく、テールをひいたはずみにリングがバキッ！　幸い赤ちゃんは無事でしたが、スリングが使えなくなったのが悲しくて…。リングがお店になかったので、とりあえず家にあったアクリル製のもので間に合わせたのが失敗のもとでした。（千葉県　れさん）

首がすわってから８ヶ月くらいまで、毎日スリングを使いました。家の中で使うことが多く、近くに買い物に行くときもそのまま行けて、外出が億劫《おっくう》になったりしませんでした。特に真冬は上からママコートを着ると、お互いの体温でとてもあったかでした。難点は使い方がわかりにくいこと。ちょっとのコツですごく使いやすくなるので、使っている友達に教えてもらったり、メーカーなどで行っている講習会に参加するのもいいと思います。（東京都　リュウロビンさん）

スリングの作り方

布とリングを買ってきて、スリングを手作りしてみましょう。
布を厚く重ねて縫うので、太めのミシン針を用意しておきましょう。
カンタンなので、色や柄を変えて何本も作りたくなっちゃう!

作り方●宮下良子

材料

- ●布(110cm幅で約2m)
- ●リング2個
- ●キルト綿(36cm×30cmくらい)
- ●ミシン糸(布に合った色)

※それぞれの材料の選び方は、
P58・59を参考にしてください。

リングは手芸店でも手に入ります

「藤原真希枝の
スリングタッチ」
作り方つき　980円
内径60mm 外径80mm
耐荷重300kg
※実用新案登録第3116735号

こちらでも購入できます
→手作りスリング相談室
http://slingaid.ocnk.net/

長い方の端(A、A')を10cmくらい折り返して、ミシンをかける。
糸がほつれないように、両端は返し縫いをしておきます。

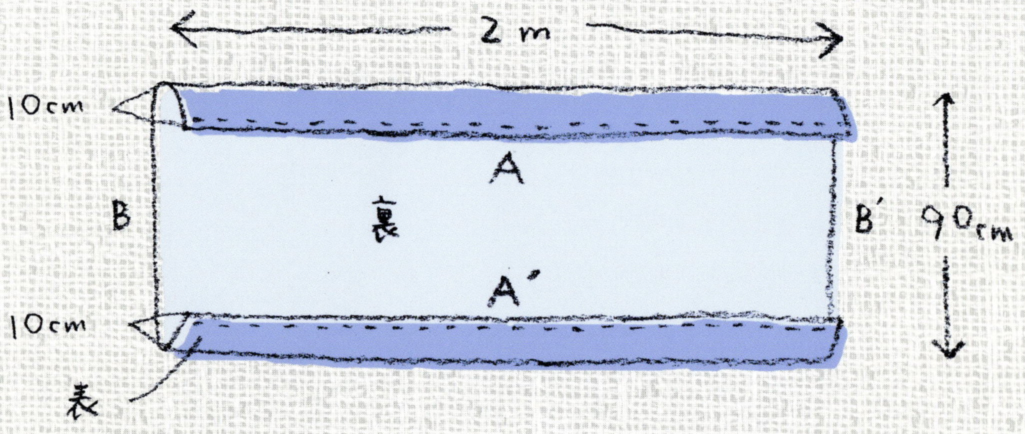

2

短いほうの一辺（B'）を2cmくらいの三つ折りにして、ミシンをかける。（ジグザグミシンをかけて二つ折りにしても構いません。）

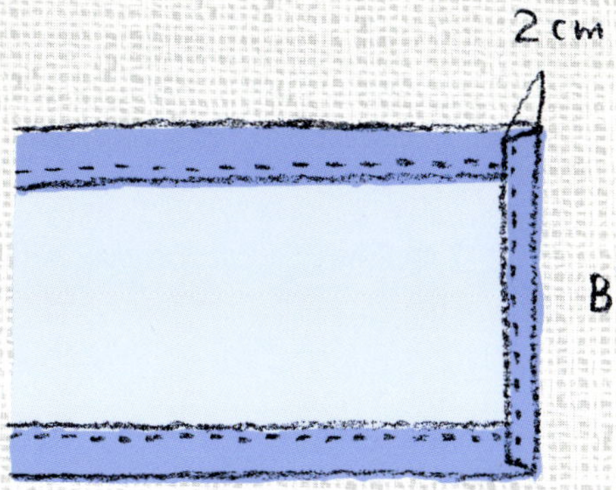

3

布を中表の二つ折りにする。
B辺の側の2：2：1のところを、折り目に平行に、それぞれ20cmずつ縫う。

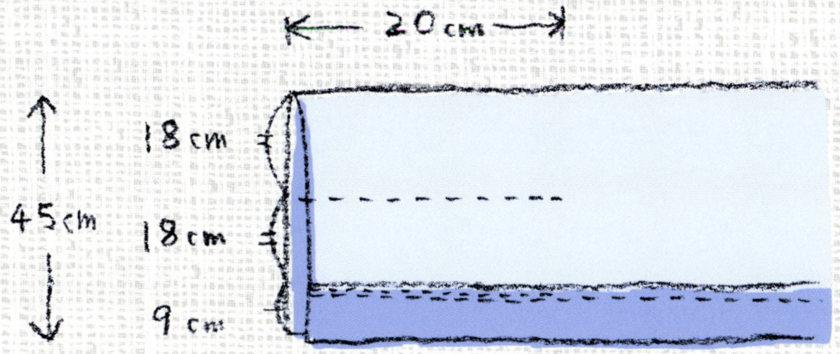

4

手順3の縫い目を中心にして、布を左右対称に割り、アイロンをかけておく。

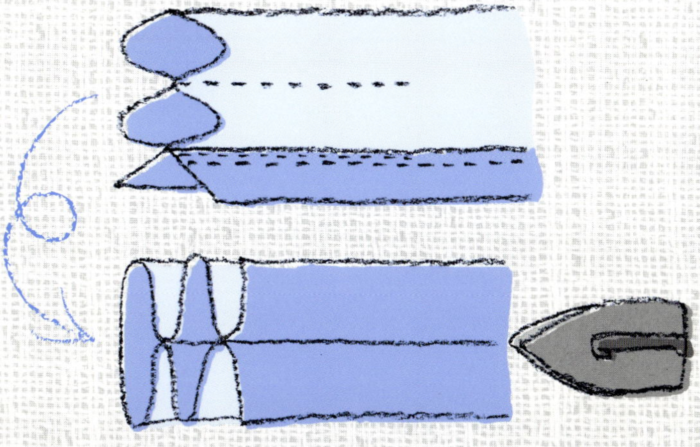

5

端から1cmくらいのところに、ミシンをかける。
たたんだ部分の一番奥から布を裏返して、生地の表側を出す。

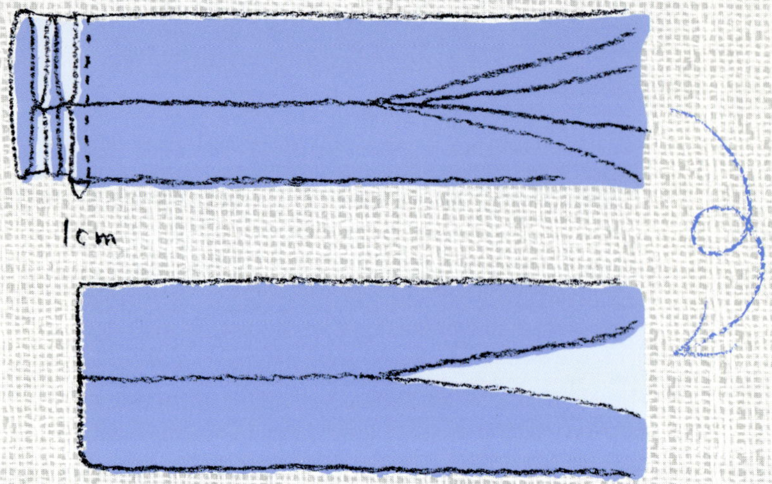

6

キルト綿を四つ折りにして、手順5で裏返した部分に入れる。
肩の部分をよりソフトにしたいときは、綿を厚くしましょう。
かさばらせたくないときは、綿を入れなくても構いません。

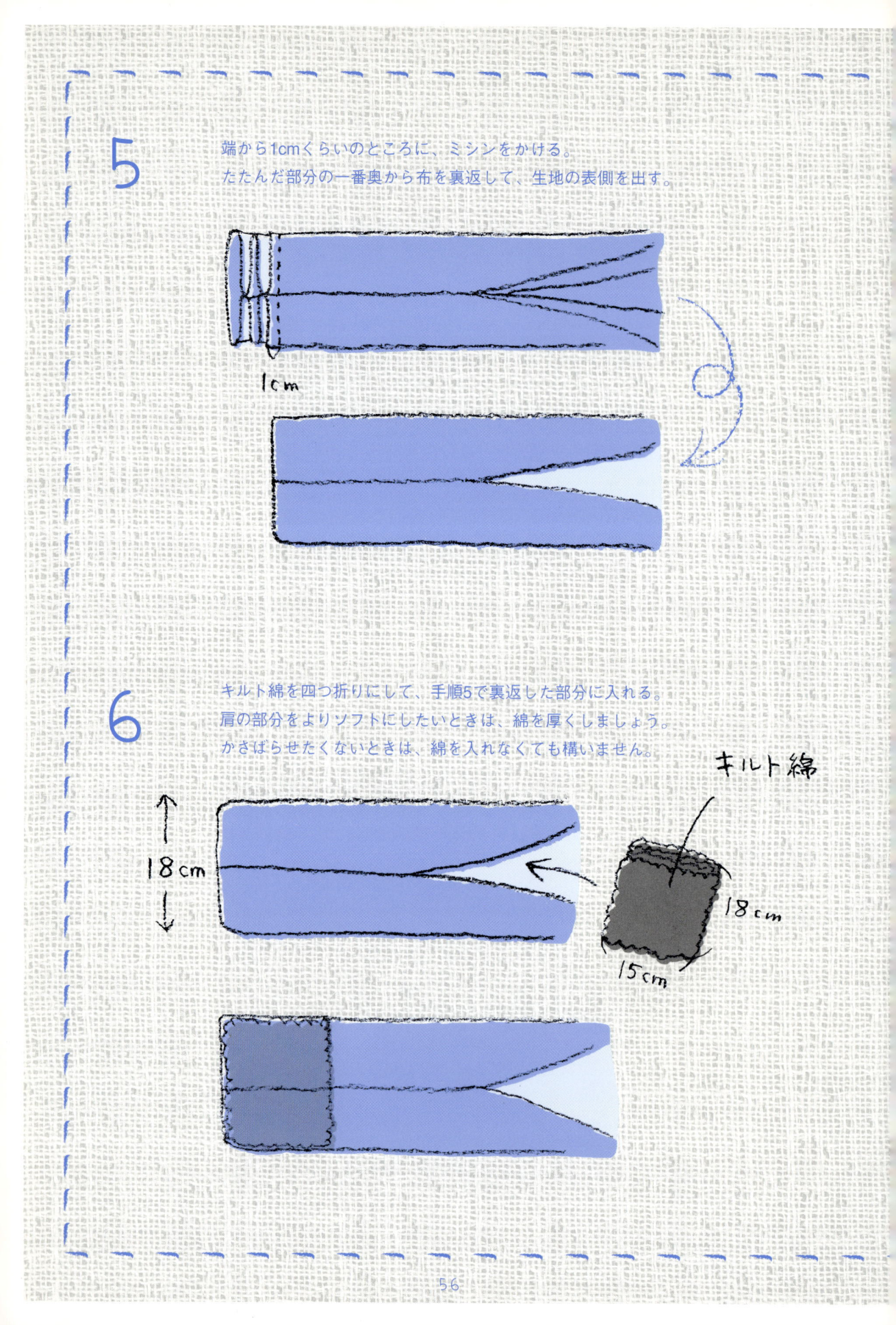

7

端からリング2個を通し、20cmくらいのところで折り返して、しっかりと縫い付ける。

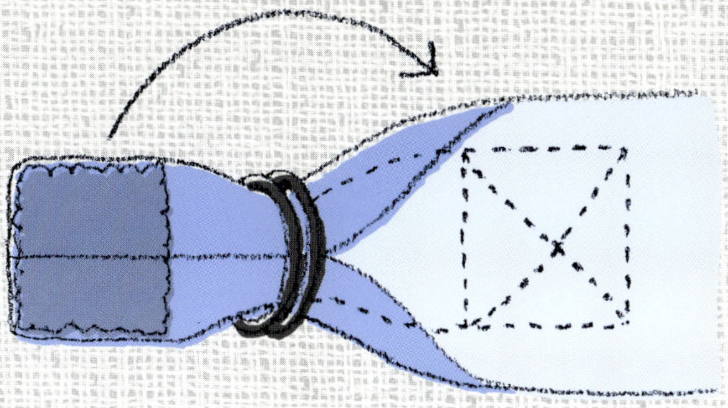

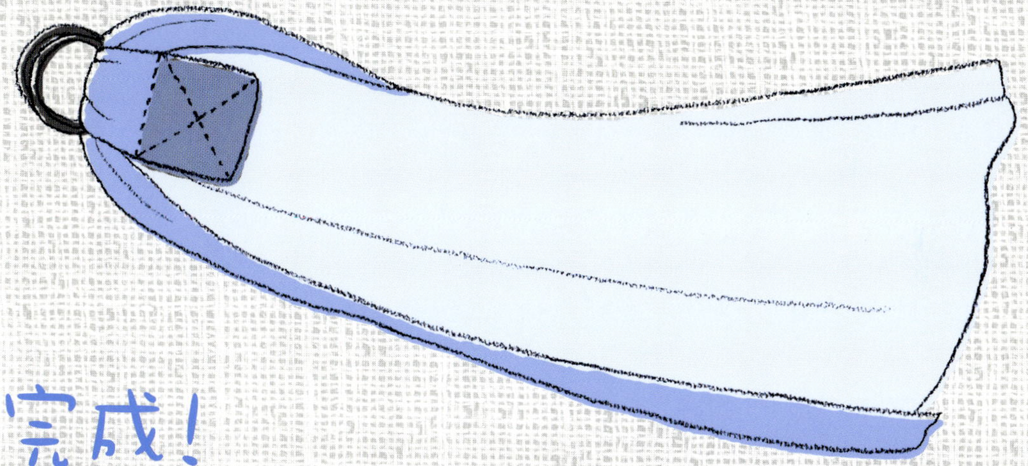

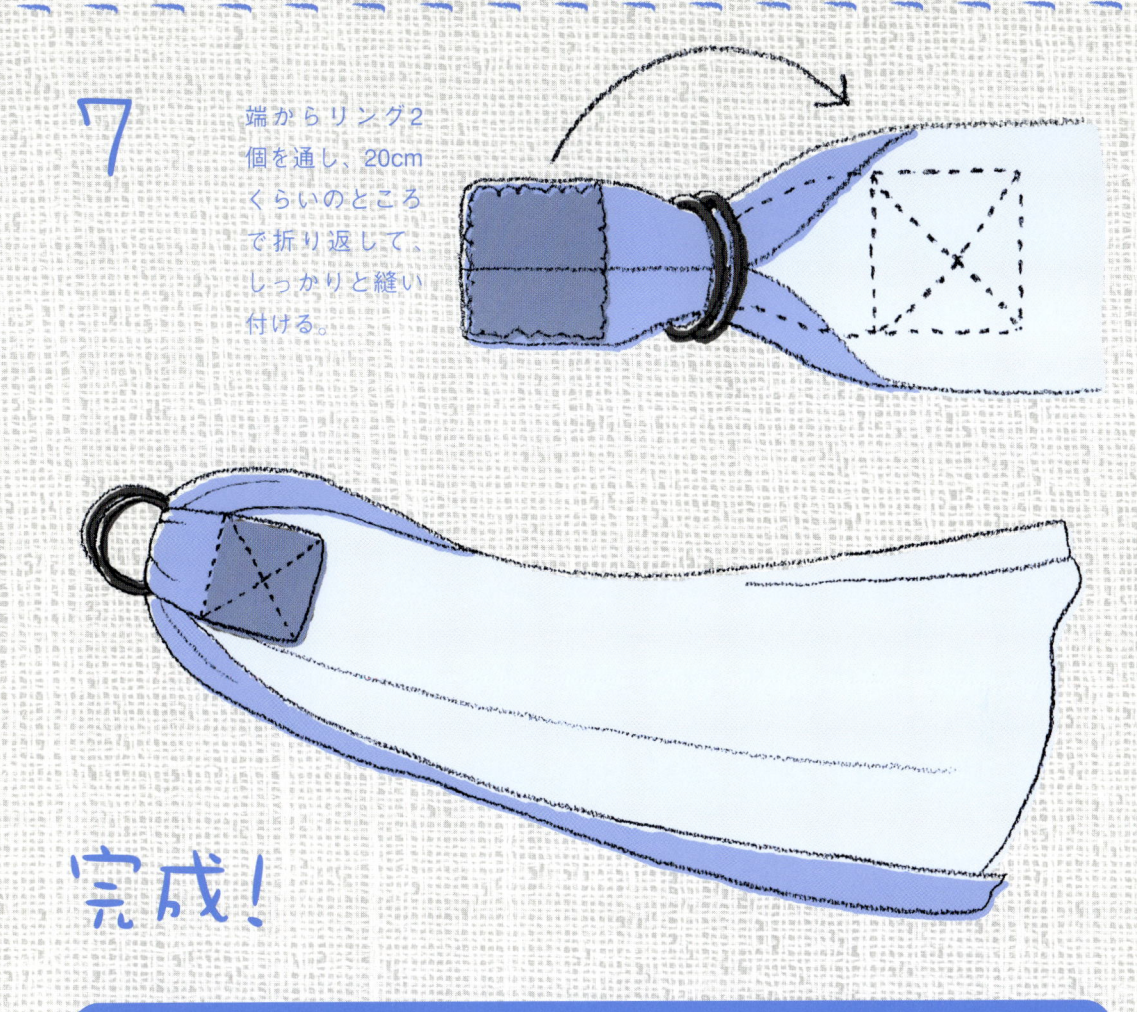

完成！

ふちに綿を入れる場合

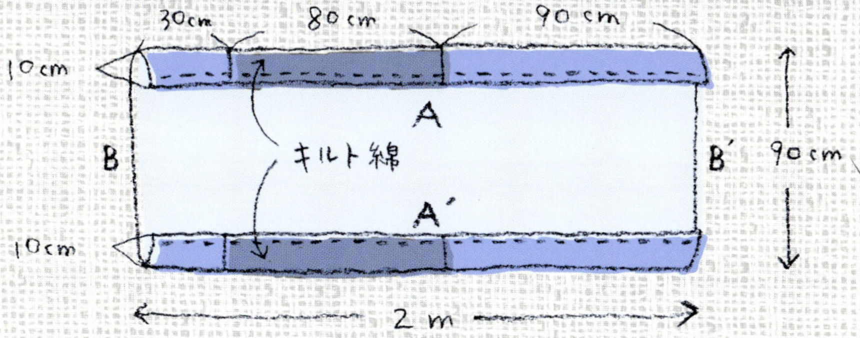

用意するもの

キルト綿 2枚
(80cm×10cm)

赤ちゃんが入る袋のふちの部分をやわらかくしたいときは、キルト綿を入れましょう。

手順1（p54）のときに、布の両端（A、A'）にキルト綿をはさみ、ミシンをかけます。綿を入れる位置は、B辺から30cmくらい、B'辺から90cmくらい離してください。綿の位置がB'辺に寄り過ぎると、テールをひくときに綿の部分がリングまでしかひけず、それ以上調整できないので、注意しましょう。

布の選び方

スリングを作るときは、どんな生地を選ぶとよいのでしょうか。
素材や色など、以下のポイントを参考にしてください。
見た目だけでなく、肌ざわりのよさにも気を配りましょう。

素材について

できるだけ綿100%の素材を選びましょう。ポリエステルなどの生地は、ひっかかったりしたとき裂け目が一気に広がりやすいので、避けてください。また、綿でも織目が粗い生地は強度が弱いので、スリングには向きません。

下に、綿の種類ごとに生地の特徴をまとめたので、これを参考に布を選んでください。お店に置いてある生地の種類が分からない場合は、店員さんに尋ねてみましょう。

生地の種類	スリング適正	特徴
ブロード	◎	平織りで薄手。高級感がある。
シーチング	◎	平織りで適度に薄手。見た目は素朴。
ポプリン	◎	平織りで薄手。細い糸で密に織ってある生地。
ドビー	◎	ドビー織機で織った幾何学模様の生地。薄手。
サッカー	◎	しぼがある生地。よく甚平に使われる。
しじら	◎	しじら織の生地。通気性がよい。
サテン	◎	光沢感があり、やわらかな手ざわりが特徴。薄手。
インド綿	×	通気性がよい。織目が粗いので縫い目から裂けることもある。
ダブルガーゼ	×	やわらかく、目が粗いので縫い目から裂けることもある。
綿レース	△	通気性がよいが、生地の強度には注意が必要。
ツイル	○	斜めに畝《うね》が出ている。やや厚手の生地。重い。(リングなしタイプに適する)
オックス	○	平織りでやや厚手の生地。(リングなしタイプに適する)
カツラギ	×	斜めに畝《うね》が出ている。厚手で重くなる。(リングなしタイプに適する)
デニム	×	ジーンズの生地。厚手でかなり重くなる。(リングなしタイプに適する)
タオル地	◎	タオルの生地。厚手のものなら向く。(リングなしタイプにも適する)
オーガニックコットン	◎	無農薬で作られた綿で作った生地。

注 意

●薄手の生地が必ずしも強度が弱いわけではありません。糸の織り方が密であれば強度はあるので、布を実際によく見て確かめるか、お店の人に確認してみましょう。

●あまり厚手の生地を使うと、リングに通らなかったり、リングとリングの間が空いてしまって生地が滑りやすくなることがあるので、避けてください。

●ニット地やジャージなど伸縮性の高い素材は、赤ちゃんを身体に密着させにくいので、スリングには不向きです。

色・模様について

白は汚れが目立つので敬遠されますが、黒や濃紺など色が濃いものも、赤ちゃんの吐き戻しなどのあとが目立つので、気を付けてください。

また、テールの部分は布の裏側が前面に出るので、表と裏の模様があまり違わない布を選ぶとよいでしょう。

長さ・幅について

布の長さは、2mくらい用意します。テールが長すぎるとドアにはさんだりする危険があるので、先端が腰にくるくらいを目安にするとよいでしょう。逆にテールが短すぎると、リングから抜けてしまう可能性があるので、リングから少なくとも20cmくらい出るようにします。

仕上がりの幅は、80～100cmくらいになるようにします。この幅が広すぎると、横抱きなどのときに、布があまって赤ちゃんが沈みこんでしまい、嫌がることがあります。

リングの選び方

できるだけ継ぎ目のないリングを選びましょう。継ぎ目に隙間が空いていると強度が下がります。また、継ぎ目が溶接してあるものは、布がひっかかって破ける場合があります。

リングは、直径が約5～7cmくらいのサイズを選びます。大きすぎると布が滑って使いにくく、小さすぎると布がひきづらくなります。あまり細いものは、強度が弱いので避けましょう。

素材は、金属製か樹脂製が適しています。アクリル製や木製のものは、テールをひいたりしたときに力がかかって折れてしまうことがあるので、避けてください。

リングはオカダヤなどの手芸店や、日本スリング協会のサイトなどで購入できます。

○日本スリング協会

http://www.japanbabysling.org/

綿《わた》の選び方

キルト綿など、弾力性のあるポリエステル素材のものが適しています。綿《めん》素材やオーガニックの綿《わた》は、洗ったときに乾きにくく、場合によってはカビが生えてしまうことがあるので、あまり向かないでしょう。

キルト綿を使う場合は、2cmくらいの厚さのものを選ぶか、薄手のものを折り重ねて使うとよいでしょう。

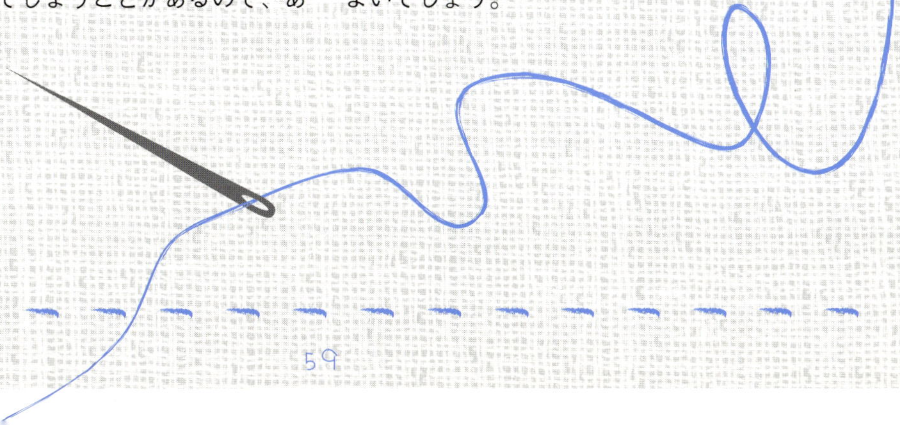

スリングを買えるお店

日本スリング協会 （2006年7月現在・掲載はアイウエオ順）

店名 ホームページ メールアドレス	所在地 （都道府県） TEL/FAX	取り扱い種類 価格帯	備考
青葉 http://www.tokochan.com info@tokochan.com	大阪府 T 072-875-5610 F 072-875-5716	リングあり ¥6,300〜	「トコスリングを子育てのツールとして使ってほしい」、これが私たちの想いです。日本の四季を通じてお使いいただけるように、綿メッシュ素材も採用しています。
唏喜抱帯 日本 （ききだきたい じゃぽん） http://www.quikisling.com/ info@quikisling.com	兵庫県 T 078-856-8617 F 078-856-5343	リングあり ¥11,500〜	Wearing The Baby…　取り外しできる肩パッド（特許申請済み）と収納袋の3点が1セット。両肩・両面使えるリバーシブルになっています。和の感覚をお楽しみください。
ハーモネイチャー http://www.harmonature.com/ info@harmonature.com	神奈川県 T 050-7530-3114 F 050-7530-3114	リングなし ¥6,930〜	全米で人気のリングなしスリング。オーガニックコットン100%の低刺激の生地を使用。小さく折りたためてカバンに入れられるので携帯性にも定評がある。
Happy!hughug http://happyhughug.com/ happy-hughug@jcom. home.ne.jp	千葉県 T 04-7149-3517 F 04-7149-3517	バックル式 リングあり リングなし ¥5,040〜	初めてでも使いやすくするための工夫がいっぱい。使って納得のオリジナルスリングです。サンプル貸出や使い方ビデオ、掲示板で、とことんサポートしています！
ビーネイチャー http://www.be-nature.net info@be-nature.net	東京都 T 050-1054-2859 F 050-1054-2859	リングなし ¥5,800〜	シンプルデザインで肩になじみやすい。小さく携帯でき、たっぷりした奥行きや授乳時の目隠しになる三日月フードなど機能的な工夫が人気。お直し等サイズ調整も受付けます。
BabyRoo http://www.babyroo.net/ info@babyroo.net	神奈川県 T 050-1011-0434 F 045-827-0434	リングあり ¥6,090〜	アメリカ製SlingEZee（スリングイージー）は、抱っこする人の負担のかかる部分にしっかりしたパッドが入っていて、長時間の抱っこでも疲れにくくなっています。
北極しろくま堂 http://www.parenting012.net/ customer@parenting012.net	静岡県 T 054-653-4700 F 054-653-4701	リングあり ¥9,345〜	リングで長さが調整できるタイプのパッドありスリング。レール（ふち）部分のパッドは可動式で、サイズ調整も簡単。色柄は豊富に取り揃えています。解説DVD付き。

店名 ホームページ メールアドレス	所在地 （都道府県） TEL/FAX	取り扱い種類 価格帯	備考
ルナスリング http://www.lunasling.com/ yukassk@juno.ocn.ne.jp ※ネットショップのみで販売	東京都 T 03-5376-2394 F 03-5376-2394	リングなし ¥5,800〜	バックルもリングもないシンプル設計で赤ちゃんをすべり込ませるだけ。ポケットに収納すれば手のひらサイズ！ スタイリッシュ＆お洒落なデザインで大人気です。
RayCo http://www.raykids.com admin@raykids.com	東京都 T 03-5982-1299 F 03-5982-1299	リングあり ¥9,450〜	ハガベイビーの丈夫な100%ナチュラルコットンは、新生児期はもちろん重たくなってきたベビーもしっかり支えます。使い方説明書付き、フォローも万全。全6色。

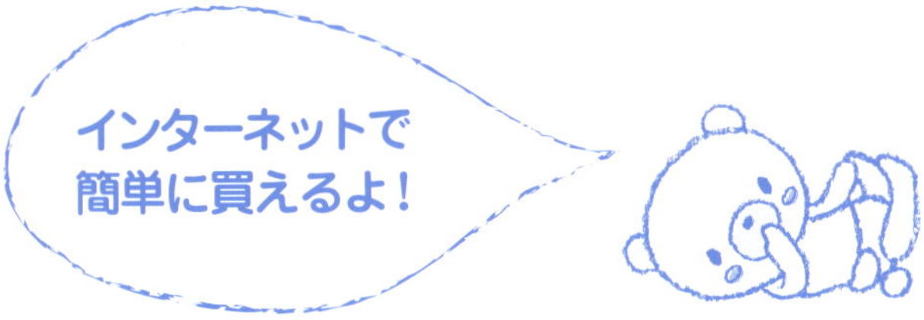

その他

店名 ホームページ メールアドレス	所在地 （都道府県） TEL/FAX	取り扱い種類 価格帯	備考
ピースリング http://www.psling.com/ info@psling.com	東京都 T 03-5302-9122 F 03-5302-9133	リングあり ¥9,870〜	東京・代官山ほかに直営店を持ち、対面販売で使い方のアドバイスやフォローを行う。米国でも人気となり、2005年春よりN.Y.に出店予定のインターナショナルブランド。
妖精の森 http://www.yousei.co.jp/ yousei@mars.plala.or.jp	神奈川県 T 045-401-9699 F 045-432-7740	バックル式 ¥9,400〜	新生児から対応できる工夫満載！取り外せるオーガニックコットンのライナーで、マメに洗濯できるので、いつでも清潔に保てます。肩ベルトでサイズを調節できます。

☆ここで紹介したお店のほとんどは、インターネットだけでなく電話などでも
注文ができるので、問い合わせてみてください。
また、ここに掲載されているほかにも、いろんなお店（メーカー）がありますよ。

モデル

伏見明子さん・煉太郎くん（2カ月）
根元麻衣子さん・竣基くん（2カ月）・湧也くん（2歳）
氏家美穂子さん・颯太郎くん（7カ月）
常原直子さん・哲郎くん（8カ月）
的場晴美さん・詩織ちゃん（1歳0カ月）
大塚草一くん（1歳0カ月）

撮影協力

ラクティナクラブ

カメラマン

菅野豊

装画・本文イラスト

渡辺恵美

装丁・本文デザイン

鈴木未奈

企画編集

OH事務所 大塚玲子

参考文献

『シアーズ博士夫妻のベビーブック』主婦の友社

参考サイト

日本スリング協会
http://www.japanbabyslling.org/

監修者

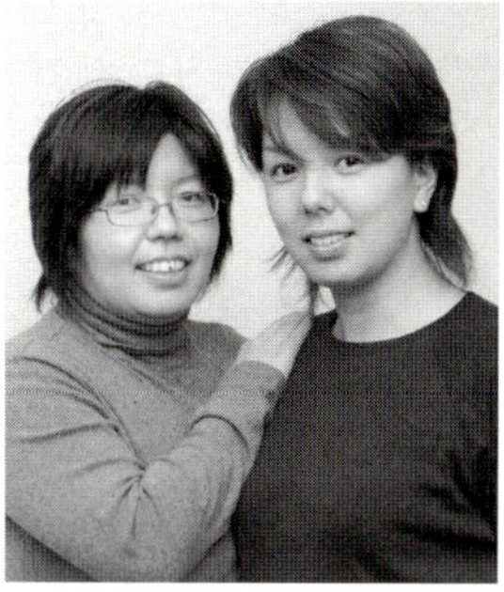

藤原真希枝（姉・写真左）

スリングのネットショップ「はぴはぐ！」店主、日本スリング協会事務局、ニ児の母。ワーキングマザーを続けてきたが、転居を機に会社を離れ、妹とスリングショップを開店。生来のおせっかい魂と育児経験をフルに発揮し、使いやすい商品作りとスリングの普及に努める。

宮下良子（妹・写真右）

「はぴはぐ！」スタッフ、ニ児の母。第ニ子の産休時にスリングに感動。さらに使いやすい理想のスリングを求め、ショップ開店を決意。商品作りの姉に対し、店作りを担当。掲示板で使い方の解説なども担当している。

はぴはぐ!
Happy!hughug
店主からの言葉

「私自身も二人の息子の母親として、我が子の成長とともに「抱っこ」の大切さを感じる毎日です。皆さんにとってその大切な「はじめの一歩」を、スリングを通してお手伝いできることに感謝しております。」

赤ちゃんをゴキゲンにする魔法の抱っこひも

スリングはじめてBOOK

2005年 4 月 1 日　初版第1刷発行
2007年10月10日　初版第3刷発行

発行者　木谷仁哉

発行所　ブックマン社
〒101-0065　東京都千代田区西神田3-3-5
Tel 03-3263-3321
http://www.bookman.co.jp

印刷所　図書印刷株式会社

　ISBN978-4-89308-597-9